눈을 감으면 떠오르는 엄마의 모습과 깊게 뿌리 내린 나무의 사랑을 한 폭의 그림에 담아 전한다. 오래 품어온 그리움이 잔잔하게 스며 있는 편지. (당당이)

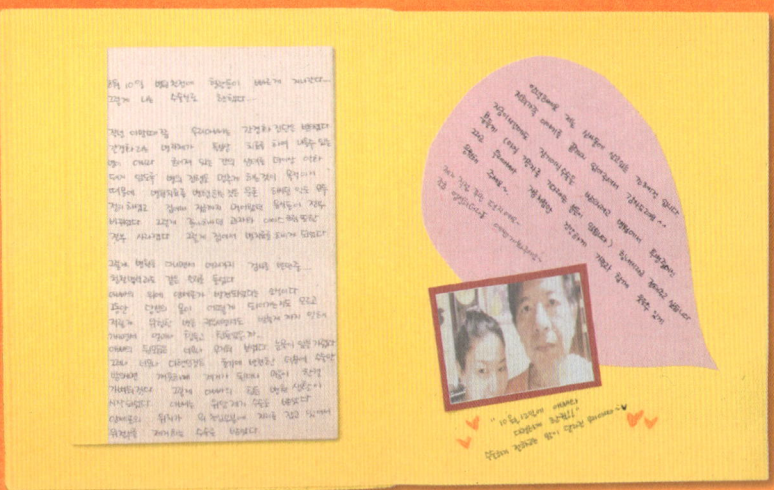

장기 이식 수술을 앞둔 아버지가 지금처럼 가족과 오래도록 함께
웃을 수 있기를 바라는 간절한 마음으로 써 내려간 딸의 편지.
투병 중인 이들에게 희망과 응원의 메시지를 전함. (조혜정 2010)

새해를 맞아 모든 부부에게 따뜻한 위로와 응원을 전하고자
시와 함께 보내온 편지. 호미와 호미자루처럼 서로를 받쳐주며
함께 걸어온 부부의 삶을 정겹게 그려냄. **(강정봉 2019)**

겨울밤 늦게까지 배달 일하는 남편을 떠올리며, 서로에게 따뜻한 말 한마디와
작은 배려를 건네는 세상이 되기를 꿈꾸는 주부의 편지. (윤미영 2018)

할머니 댁에서 지낸 학창 시절, 손녀 걱정으로 학교에서 서성이던 할머니와
장난꾸러기 친구들과의 추억을 떠올리며 편지를 보냄. (김소용 2025)

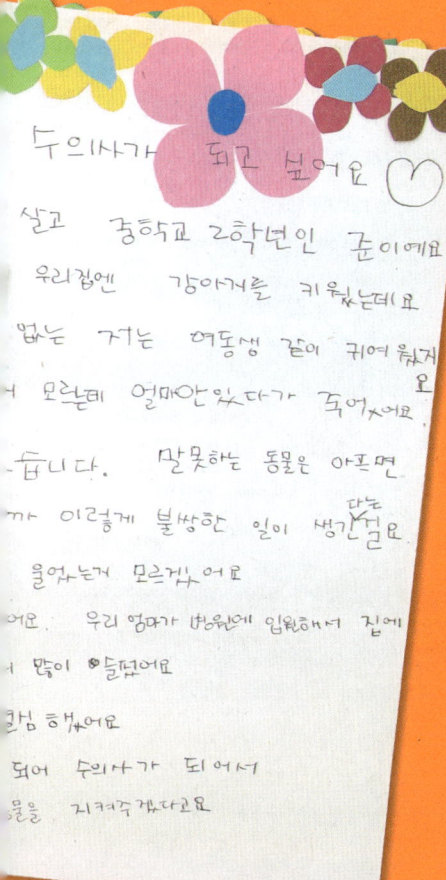

•
39년째 '영재수퍼'를 지켜온 엄마를 바라보는 딸의 마음이 담긴 편지. 코로나로 한동안 조용해진 가게가 다시 동네 사랑방처럼 활기를 되찾기를 바라는 소망을 전함.
(강나영 2021)

♥
취미 때문에 다툰 적도 있었지만, 서로의 마음을 이해하며 발을 씻겨주는 부부의 이야기. 함께 취미를 나누며 더 깊이 서로를 존중하게 된 사연을 전함.
(박선주 2015)

■
기르던 강아지를 떠나보낸 뒤, 말 못하는 생명을 돌보는 수의사를 꿈꾸게 된 중학생의 편지. 겨울방학에는 공부에 매진하며 꿈에 한 걸음 더 가까워지겠다는 다짐을 전함.
(배준 2018)

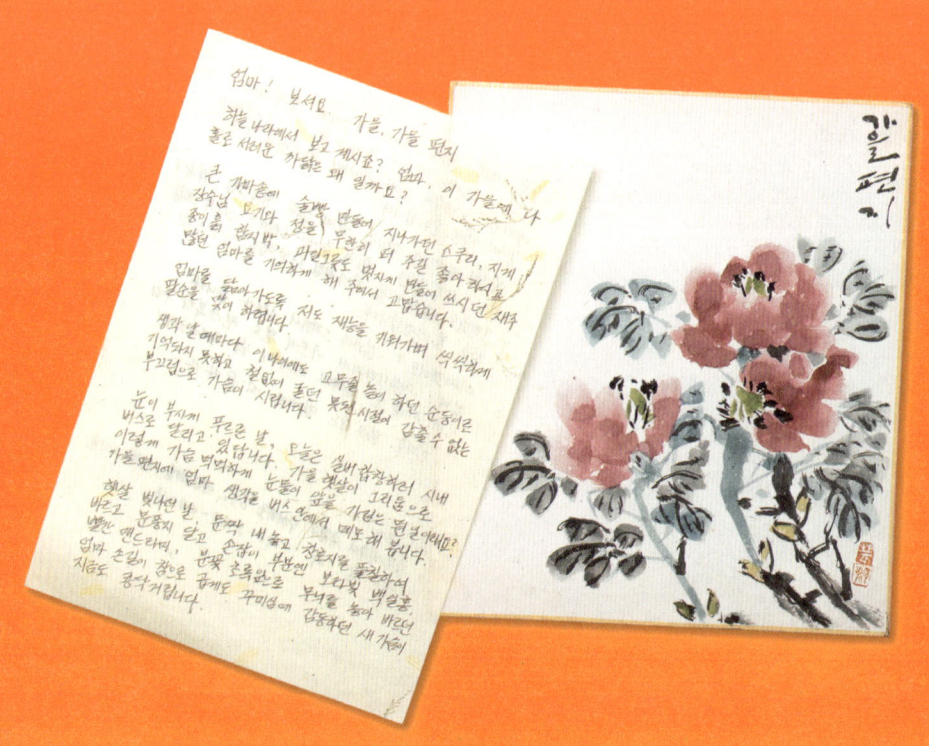

어릴 적 문풍지에 꽃무늬를 바르던, 하늘나라에 계신 엄마의 손길을
떠올리며 여든 살 딸이 직접 꽃을 그려 보내온 편지.
엄마를 닮아가고 싶은 그리움을 담아 전함. (지숙자 2022)

두손 비벼 無事歸還 所願 빌 었어나네
軍隊 잘 갔다 오라 간곡히도 이르더니
滿期除隊 돌아오니 그놈은 간곳 없고
붉은 女人이 나를 반기네
그 사이에게 面前에다 우리 엄마 어떤 사요!
어디로 보냈소! 눅어 두꺼워 원망한들
아무 소용에 없었네.
여덟 동생 가슴속엔 상처기만 가득하고
효도시기 無防備로 후회만이 앞요 없네.
우리 母親 가고 나니 그 사이에게 남은 餘生
마지막은 실로 비참했소
기승길 문턱에서 내뇌가 많았어요
그 사이에게 하는 말이 그랬어요
가슴으로 지킨 財産 동네 어귀 새 집었고
볏섬 매무기가 자외를 했네.
살아생전 못 와할이 悔恨으로 남아들고
그 외로운 歲月 약아 일어지는 건 아쉽가 보아
밝은 緋緞 韓服 지어 태워준 들 입고나 할까
내 자식 아 어잇나니 父母
不孝父母事後悔라 그 말씀이 걸고 맞네.
夕陽紅 鷺鶯山 자락 부는 바람 결에

글도 그림도 서툴러 몇 번이나 편지 쓰기를 망설였지만, 포기하지 않는 모습을
아들에게 보여주고 싶어 사계절을 직접 그림으로 표현해 완성한 편지. (박성안 2022)

우표값이 오르는 세상에서도 매일 〈여성시대〉에 손 편지를 보내며
마음을 전해온 사연자의 이야기. 오래전 아내의 공모전 상금을
몰래 책으로 바꾸고 상패만 건넸던 추억을 함께 전함. (황승보 2004)

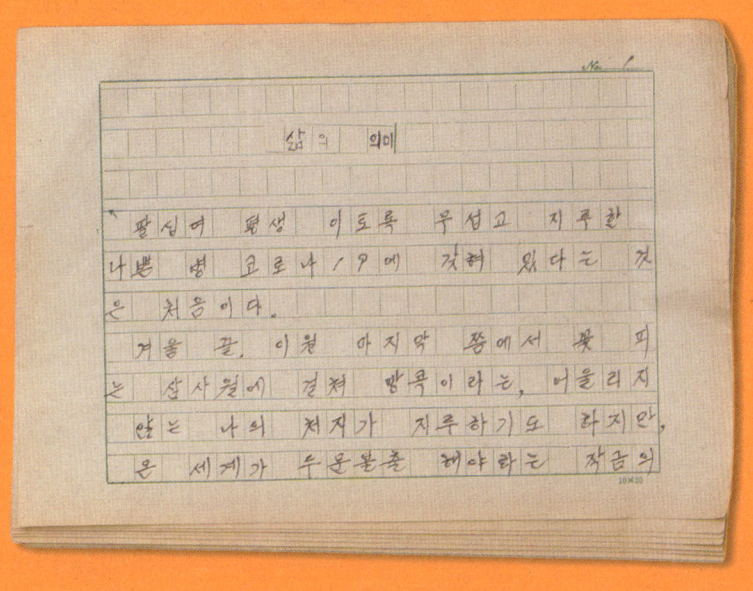

팔순의 나이에 요양보호사라는 새로운 길에 도전한 사연자는 '왕언니'로서 동료들과 함께 시험에 합격한 기쁨을 전함. **(김현정 2020)**

상록수를 담다

담당자님께
양희은 내경석입니다
MBC 라디오

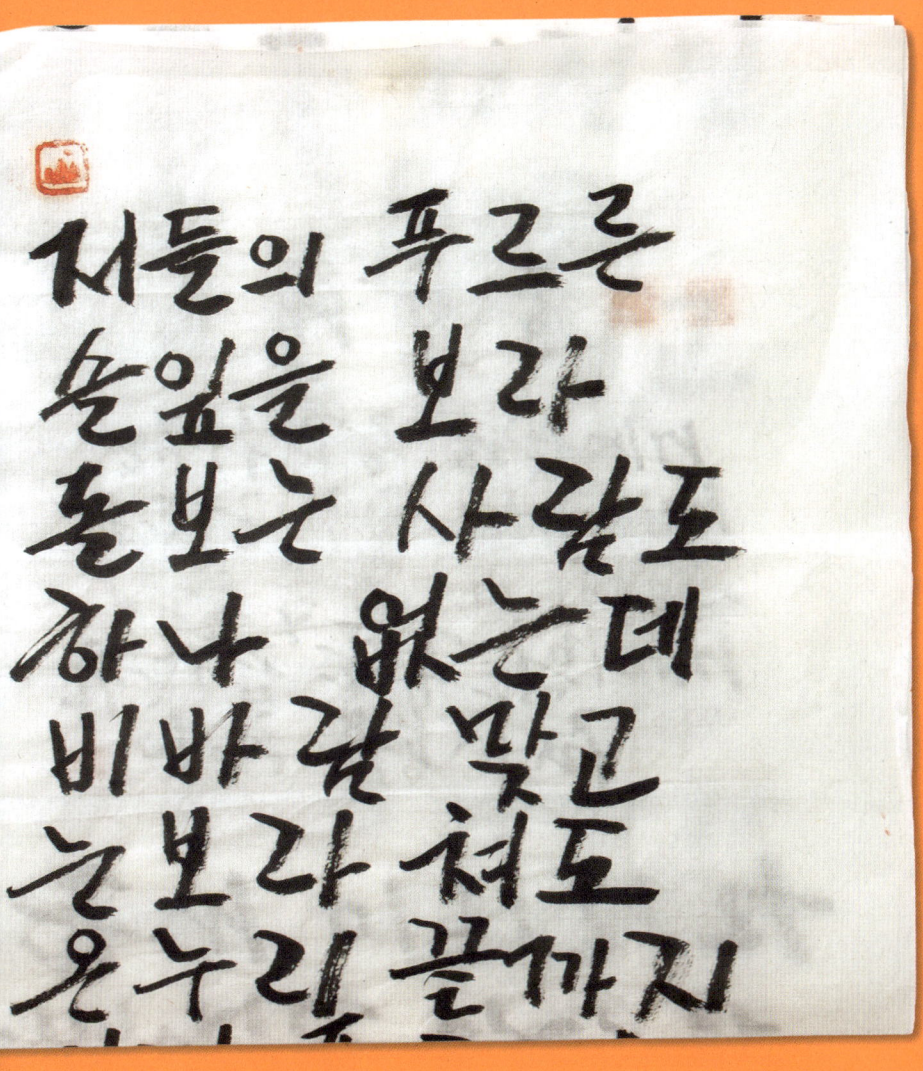

가수 양희은이 부른 〈상록수〉의 가사를 붓으로 한 자 한 자 적어
마음의 울림을 전한 편지. (유성준 2016)

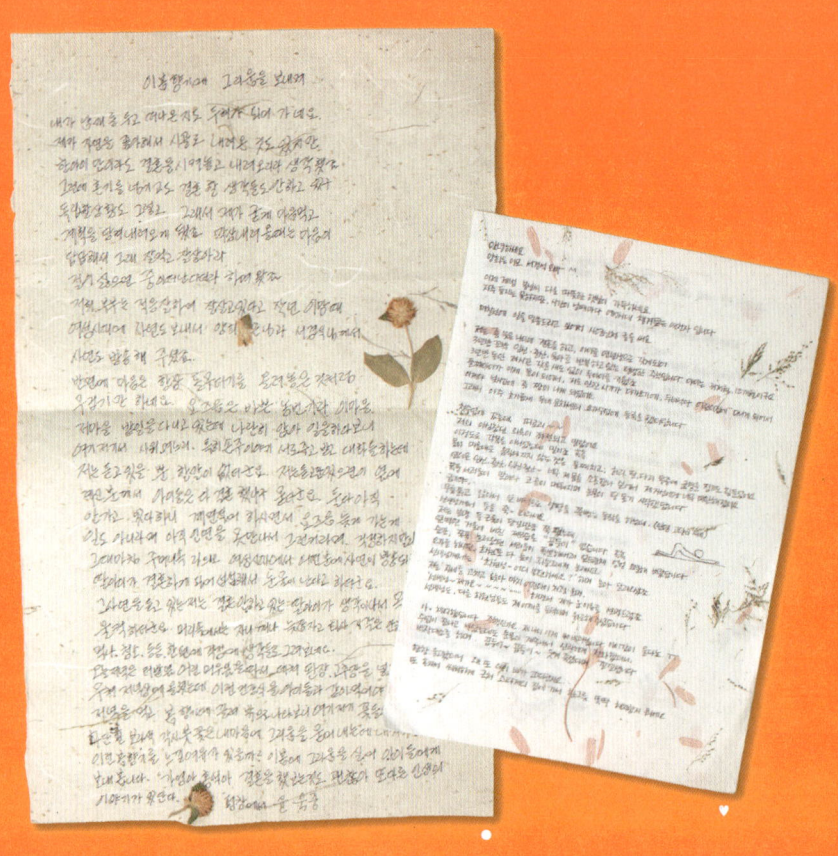

시골로 내려온 부모가 도시에서 지내는 자녀들을 그리며 보낸 편지.
마음은 늘 자식 곁에 있다는 애틋함을 봄 향기에 실어 전함. (윤숙중 2018)

3년 반 동안 육아에 매달리며 지친 몸을 요가 학원에서 마주한 순간,
눈물을 터뜨린 엄마의 이야기.
같은 시간을 지나고 있을 부모들에게 따뜻한 응원을 전함. (김인영 2018)

우리 삶이 시가 될 때

우리 삶이 시가 될 때

1판 1쇄 발행 2025. 12. 12.
1판 3쇄 발행 2026. 1. 14.

지은이 여성시대

발행인 박강휘
편집 구예원 | 디자인 유상현 | 마케팅 이서연 | 홍보 이아연
발행처 김영사
등록 1979년 5월 17일(제406-2003-036호)
주소 경기도 파주시 문발로 197(문발동) 우편번호 10881
전화 마케팅부 031)955-3100, 편집부 031)955-3200 | 팩스 031)955-3111

저작권자 ⓒ 여성시대, 2025
이 책은 저작권법에 의해 보호를 받는 저작물이므로
저자와 출판사의 허락 없이 내용의 일부를 인용하거나 발췌하는 것을 금합니다.

값은 뒤표지에 있습니다.
ISBN 979-11-7332-440-6 03810

홈페이지 www.gimmyoung.com   블로그 blog.naver.com/gybook
인스타그램 instagram.com/gimmyoung   이메일 bestbook@gimmyoung.com

좋은 독자가 좋은 책을 만듭니다.
김영사는 독자 여러분의 의견에 항상 귀 기울이고 있습니다.

우리 삶이 시가 될 때

여성시대 지음

MBC 라디오 〈여성시대〉 50주년 기념 필사집

김영사

일러두기

- 이 책은 MBC 라디오 〈여성시대〉에 50년 동안 전해온 청취자들의 편지와, 〈월간 여성시대〉에 실린 명사들의 권두 에세이, 매년 봄 이어져온 글 잔치 '신춘편지쇼' 당선작 중 일부를 골라 엮은 책입니다. 수록된 모든 글은 저작권자의 동의를 받은 것이며, 저작권자를 찾지 못한 일부 작품은 추후 연락이 닿는 대로 적법한 절차를 진행하겠습니다.
- 익명으로 보내온 편지는 〈여성시대〉 청취자를 일컫는 '당당이'라는 이름으로 표기했습니다.
- 국립국어원에서 규정한 맞춤법과 표기법을 따르되, 편지의 말맛과 진심을 살리기 위해 일부는 원문 그대로 유지했습니다.

편지를 쓸 수 있는 사람은
그래도 행복하다.

–

박완서 소설가 | 2005 신춘편지쇼 심사평

여는 글
편지에 담긴 우리 삶

우리는 언제부터 편지를 쓰기 시작했을까요?
삐뚤빼뚤한 글씨로 '엄마 아빠'를 따라 적어보던
어린 날부터였을까요. 혹은 마음이 복잡해질 때
종이 한 장을 꺼내 말로 다 하지 못한 속마음을 적어 내려오던
어느 순간부터였을지도 모릅니다.

편지는 그렇게 언제나 우리 곁에 머물러 있었습니다.
기쁠 때도, 속상할 때도, 누군가를 떠올리면
괜스레 마음이 시큰해지는 날에도
조용히 마음의 문을 열어주는 작은 손잡이처럼 말이지요.

편지를 쓰는 일은
혼자서도 할 수 있는 가장 다정하고 고귀한 행동입니다.
어렵지 않지만, 쓰고 나면 마음에 바람 한 줄기 스며드는 일.
때로는 우리가 모르는 사이 누군가의 하루를 어루만지고
살포시 붙들어주는 일. 그래서 편지 쓰기는 오래도록
우리 삶을 버티게 해준 힘이었습니다.

지난 50년 동안 많은 사람이 저마다의 하루와 마음을 한 줄,
한 장의 편지에 담아 〈여성시대〉로 보내왔습니다.
그 평범한 이야기들이 어느 날은 시가 되었고,
명사들이 남긴 문장은 또 다른 누군가의 길잡이가 되었지요.
세월 속에 모인 이야기들은 누군가에게 위로가,
또 다른 누군가에게는 다시 일어설 희망이 되었습니다.

편지에는 누구나 공감할 수 있는 삶의 순간과
오랫동안 간직해온 진심이 깃들어 있습니다.
지금 이 책을 펼친 우리에게도 잔잔한 울림을 건네지요.

이 책에는 지난 시간 속에서 빛났던 문장들 가운데, 특별히
필사하며 다시 느껴보면 좋을 말을 고르고 골라 담았습니다.
천천히 읽어주시고, 마음에 닿는 문장을 손끝으로 따라 적으며
당신의 속도로 천천히 음미해주시면 좋겠습니다.

〈여성시대〉 드림

추천의 글

이렇게 멋진 책이 세상 어디에 또 있을까?
많은 이들이 몸으로 부딪치며 살아낸 후 세월 속에서 얻은 깨우침과
'신춘편지쇼'에 응모한 청취자 당당이들의 사연을 읽은
심사위원들의 감상 평이 한데 실렸다.
담담하게 부른 노래 〈행복해도 괜찮은 당신에게〉가 합창이 되면서
엄청난 힘을 주는 노래가 되었듯이⋯ 이 책에는 소설 속 주인공들이 아닌
하루하루를 진짜 살아가는 이들의 엄청난 세월이 녹아 있기 때문에
필사하고 되뇌면서 말들이 살아 움직이듯 우리 안에서 많은 위로가 될 거라 믿는다.

_ **양희은** 가수, 〈여성시대〉 진행자

누군가의 이야기, 누군가의 인생을 글로 적어놓으면 그 자체로 생명을 가진다.
오래 살며 널리 살며 다른 사람과 어울려 평화를 누리기도 한다.
그러기에 글로 자기의 인생, 자기의 생각과 느낌을 표현하는 일은
귀중한 일이 되고 유익한 일이 된다.
나는 이 세상 모든 글을 자서전이라 생각하고 또 은밀한 고백이요,
뜨거운 하소연이라 생각하는 사람이다.
특히 MBC 라디오 〈여성시대〉의 '신춘편지쇼'는 오랜 전통을 지니면서
청취자들로부터 환호를 받아온 공모전이었다. 그 대회에서 뽑힌
좋은 문장과 방송한 편지글을 모아 필사책으로 낸다 한다.
이 필사책이 글을 보다 깊이 읽고 그 글을 통해 누군가의 인생을
속속들이 들여다보며 진정으로 이해하는 좋은 기회가 될 것을 믿는다.
좋은 책 출간을 축하드리며, 부디 이 책이 이 시대 고달프게

사막을 건너듯 사는 사람들에게 좋은 길동무가 되기를 소망한다.
　_나태주 시인

글은 말을 저만치 먼저 보내는 일입니다.
처음 보내는 문장은 나의 내면 깊이 닿기 위해서.
다음 보내는 문장은 너의 마음에 이르기 위해서. 보내고 나면 알게 됩니다.
미처 생각하지 못한 말이 아니라 실은 늘 되뇌고 있던 말이
나의 내면에 가닿는다는 사실.
깜빡 잊고 전하지 못한 말이 아닌 차마 건넬 수 없었던 말이
너의 마음에 먼저 이르게 된다는 사실.
물론 보내두고 멀찍이 지켜보기만 하는 것이 아닙니다.
이내 따라나서 하나하나 주워 담아야지요.
그러고는 묻은 먼지를 털어낸 다음 또 저만치 보내봅니다.
글을 앞세우고 삶이 뒤를 따르며 우리는 힘쓰고 애쓰고 기를 쓰고
몸과 마음을 써야 했던 한 시대를 온전히 지냅니다.
그리고 이 온전함의 힘으로 새 시대를 엽니다.
　_박준 시인

보통의 사람들이 함께 그려온 일기장 같다.
여기엔 50년 묵은 이야기도 있고 바로 어제의 이야기도 있다.
아득한 세월만큼이나 존재 자체로도 빛날 기록들의 책이다.
　_잔나비 최정훈 가수

차례

여는 글 편지에 담긴 우리 삶 6
추천의 글 8

1 사람의 그늘은 더없는 쉼터
: 삶의 문장들

양귀자가 전하는 편지 16 | 점집 할머니의 인생 철학 18 | 자전거를 배우며 20 | 빛나는 노력 22 | 그늘 24 | 집 26 | 평생 농부였던 아버지의 어록 28 | 60년 어부 인생 30 | 먹지 못하는 김치 32 | 찬란한 봄꽃 그늘에 주눅이 든다 36 | 오늘도 나는 사랑을 꿈꾼다 38 | 베푼다는 것 42 | 용서 44 | 할머니께서 말씀하셨지 46 | 눈물은 좋은 것 48 | 결혼 생활에서의 행복 50 | 산다는 것은 52 | 편안함이란 56 | 부치지 못할 부모님 전상서 58 | 뒤집어지는 게 팔자 60

2 상처를 감추려 애쓰지 않아도
: 치유의 문장들

유난히 길던 지난겨울에 64 | 행복은 내가 선택하는 것 66 | 인생 자전거 68 | 가자미조림을 해야겠다 70 | 주근깨는 내 콤플렉스 72 | 마음을 놓고 세상을 보니 74 | 수영 쌤의 말씀 76 | 새봄이 올 때면 78 | 흙터는 마중물 80 | 나에게 보내는 위로 82 | 꿈을 위하여 84 | 어느 날이라도 다시 올 수 있도록 86 | 식물을 보며 배우다 88 | 설렘 담긴 편지지 고르기 90 | 성석제가 전하는 편지 92 | 우리가 만나는 시 96 | 따뜻한 숟가락 98 | 우리 더 늦기 전에 100 | 겨우 환갑 102 | 나희덕이 전하는 편지 104

3 어른이 되는 순간
: 관계의 문장들

엄마 냄새 108 | 어른이 되는 순간 110 | 이제 곧 사랑을 시작할 딸에게 112 | 식물에게 배운 인간관계 114 | 인생을 바꿔준 나의 선생님 116 | 동정이라는 마음 118 | 가슴 아픈 추억이 주는 기회 120 | 삶에서 우러난 그림 124 | 사람은 다 달라요 128 | 나태주가 전하는 편지 130 | 나는 최고가 아니야 132 | 생각보다 행동을 134 | 아이야 생각해보렴 136 | 빨래 많은 게 행복 138 | 나에게 쓰는 편지 140 | 어른들의 성적표 142 | 사랑하며 사는 삶 144 | 사과 승률 높이기 148 | 나에겐 아직 싸움 받아줄 상대가 있다 150 | 잎 피는 느티나무 152

4 저물녘에 우리는 가장 다정해진다
: 사랑의 문장들

김치를 담그며 156 | 가족 158 | 내리사랑 160 | 인연의 날 164 | 외할머니의 보석함 166 | 이 부부가 살아가는 법 170 | 부부 싸움 172 | 가족에게도 친절이 필요하다 176 | 기다림 178 | 훌쩍 커버린 아이들 180 | 산골에서 182 | 슬픈 소식을 듣고 184 | 빈자리 연습 186 | 행복이란 188 | 인생의 선물 190 | 희제에게 192 | 마지막 인사 194 | 동사무소에서 198 | 저물녘의 노래 200 | 결혼 24주년에 당신께 202

5   살아 있는 것은 모두 꽃이 되고
: 희망과 용기의 문장들

초록 겨울냉잇국 208 | 실수해도 되는 이유 210 | 가을 아침에 212 | 나태주가 전하는 편지 216 | 깊어지는 인생을 위한 필사 218 | 나를 위한 소확행 220 | 나팔꽃이 되고 싶었는데 222 | 눈 감은 사진 224 | 젊음과 늙음의 구분 228 | 특별한 인연 230 | 개업 두 달째 232 | 숙제하는 방법 234 | 희망이라는 이름의 호박꽃 236 | 치유로 가는 길 238 | 희망 배달부 240 | 오르막과 내리막 242 | 나희덕이 전하는 편지 244 | 고질적인 병 하나 246 | 살아 있는 것은 모두 꽃이 된다 248 | 저 하늘에 내 날갯짓 250

닫는 글 당신께 건네는 답장 254
추신 우편함은 오늘도 열려 있습니다 256

1

사람의 그늘은 더없는 쉼터

삶의 문장들

양귀자가 전하는 편지

양귀자 소설가 | 1991

왼쪽과 오른쪽에 그와 그녀를 두고 가운데에 내가 있다.
세월은 흐르고 그는, 혹은 그녀는
세월의 그물에 걸려 길을 잃고 헤맨다.
나는 그것을 본다.
길을 잃은 자의 슬픔과 우수와 그리고 짙어진 삶의 그림자를 본다.
그림자를 거느리고 살아가는 우리 모두의 표류하는 시간을 본다.
잡히지 않는 무엇, 만져지지 않는 무엇, 거머쥘 수 없는 무엇들.

그렇게 한 해가 가고 새해가 온다.
그렇게 한때의 시간은 가고 때 묻지 않은 새 시간이 온다.
우리는 다시 물 위로 기어올라 잠수에서 벗어나
낯선 세상에 작은, 몹시도 작은 그림자를 조심스레 떨구어 본다.

새해를 맞이하며.

점집 할머니의 인생 철학

조정희 | 2011

인생이 별거 없는 것이여.

다 내가 맞춰 가믄서 살아야제.

물 좋고 정자 좋은 디 봤어?

한 가지가 부족하믄 한 가지가 좋고,

궂은 날이 있으믄 좋은 날도 있는 뻡이여.

있는 사람이나 없는 사람이나 하루 세 끼 먹고 사는 것은 똑같고,

천석꾼은 천 가지 걱정, 만석꾼은 만 가지 걱정이라고 혔어.

죽을 때는 다 빈손으로 가는 것이고,

인생길 가다 보면 비도 만나고 눈도 만나고,

어느 구름에 비가 들고 어느 바람에 눈이 들었는지

모르고 사는 게 인생이랑께. 그려? 안 그려?

인자 이런 디 오지 말고 가서 잘들 살어. 알것어?

친구 따라 찾은 허름한 점집. 점 보는 내내 이런저런 호통을 치던
점쟁이 할머니는 텃밭의 푸성귀를 따 밥을 비벼 먹으라 권함.
두 볼 가득 밥을 먹고 있는 사연자에게 건넨 점괘보다 따뜻한 말씀.

자전거를 배우며

문준철 | 2006

제가 자전거를 배울 때 무서워서,
넘어지려고 하는 반대 방향으로 핸들을 틀 때마다
어머니가 힘주어 강조하시던 말씀이 있습니다.
"자전거는 넘어지려는 방향으로 핸들을 틀어야지 넘어지지 않는
것이다. 반대 방향으로 틀면 결국에는 넘어지고 말아."

그때 어머니가 왜 그렇게 강조하셨는지 지금에야 알 것 같습니다.
살아간다는 것이 언제나 넘어지기 직전의 상황인데,
그때마다 안 넘어지려고 반대 방향으로 도망만 가려고 한다면
결국에는 넘어지고 만다는 것을요.

빛나는 노력

당당이 | 2025

우리가 한 노력은 결코 헛되지 않아.

살면서 다른 무언가로 분명히 보상받을 거야.

하늘이 그렇게 해주실 거야.

그러니 희망을 갖자.

실패는 결코 헛되지 않아.

그 세월만큼 단단해지고, 마음이 넓어지고 생각도 깊어질 거야.

포기하지 않고 열심히 살다 보면

어디에 가서든 빛날 거야.

언제든 인정받을 수 있을 거야.

딸이 공무원 시험을 5년 이상 준비하다 실패하고 좌절했지만
다른 분야로 취업해 지금은 행복해한다는 사연과 함께 전한 편지.

그늘

강문수 | 2022

사람의 그늘은, 고되고 지친 사람들에겐 더없는 쉼의 공간이다.

그늘 없는 나무 밑에 사람이 모이지 않듯

사람의 그늘도, 넓고 두꺼울수록

많은 사람이 모여 마음 편히 쉬어간다.

집

김용택 시인 | 2010 신춘편지쇼 심사평

집은 몸과 마음을 뉘이고, 편히 쉬고 잠드는 곳입니다.
새도, 벌레도, 물에 사는 물고기도 다 집이 있습니다.
궁궐 같은 집을 갖고 살아도
그 집에 사는 사람들이 행복하지 않으면,
그런 집이 무슨 소용이겠습니까.
사랑과 행복이 넘치는 집은 절대 값으로 환산되지 않습니다.
집에서의 행복이 거리로 나가 세상을 행복하게 가꿉니다.

평생 농부였던 아버지의 어록

오명화 | 2004

"뭘 하든 사람이 손을 놀리면 안 돼. 봐라, 허수아비도 저렇게
제 구실을 하지 않니? 가만 앉아 있는 영웅은 없다."

"개도 돈을 물고 있음 멍생원 대우받는 세상이다.
부자 욕하는 놈은 없는 놈이다. 그러니 열심히 살란 말여."

"쑥대처럼 키만 크면 뭐 하냐. 속이 들어차야지."

"까마귀 똥도 약에 쓸라고 기다리면 물에다 갈기는 법이다.
이렇게 뭐든 챙겨두면 다 쓸 데가 생기지."

"다리 많은 버러지는 쓰러져도 금방 일어서니라.
늬들 핏줄끼리라도 우애 있게 살아라."

"산골 농사란 것이 고라니 좋은 일 시키자고 짓는 것이여.
산짐승 먼저 입맛 다시고 남은 걸 거둬서 겨울 나자면
사람이 좀 아껴 먹어야 해."

60년 어부 인생
주경심 | 2009

"60년 어부 인생, 아버지가 직접 낚은 삼치입니다.
그걸 딸 준다는 생각으로 직접 손질하고 소금 간을 해서
하루 정도 말렸고요. 3분 정도만 물에 불렸다 찜통에 찌면 되고요.
불렸다 살짝 구워 드셔도 맛있습니다."

아줌마들이 많이 드나드는 사이트에 올리려고
문구를 작성해놓고
몇 번을 고쳐도 아쉬움이 남습니다.
아버지의 고목 같은 손만이 말해주는 그것,
수돗가에 앉아 생선을 손질하는 작아진 어깨와
땡볕에 앉아 하루 종일 삼치를 뒤집어가며 말리는
아버지의 손 위로
매정하게 쏟아지는 햇볕,
그것들을 보여주지 못함이 그저 아쉬울 따름이었습니다.

먹지 못하는 김치

김진호 | 2023

우리 엄마 김치는 특별했다. 김치가 익을수록 고등어 맛이 났다.
맛 표현을 잘 못해서, 웃기게 들릴지는 몰라도
내 입에는 구운 고등어 맛이 났다.
김치를 씻어 밥이랑 식용유에 볶아 먹으면
해산물 맛이 입에서 터지곤 했다.

아직도 김치냉장고에는 엄마의 마지막 작품이 한 통 들어 있다.
푸욱 시어져 감히 먹을 엄두도 나지 않는다.
우리 가족 그 누구도 그 걸작을 건드리지 않는다.
내심 내가 장가갈 적에 한 포기 꺼내 먹었으면 하고 기대한다.
물론 그땐 시어빠진 저 묵은지를 먹을 수 있을지 모르겠지만.

우리 엄마는 늘 내게 울지 말라고 하셨다.
"울면 머리 아프다, 울면 배고프다,
울면 그걸 보는 나는 속이 아리다"라며
"눈물 흘리지 말고 살라" 하셨다.
엄마가 돌아가셨을 적에도 나는 울지 않았다.

하지만 매년 이맘때, 이 집 저 집 김장할 때쯤,
정말 맛없는 김치를 먹으며 아버지께 '올해 김장 잘하셨다'고
하얀 거짓말을 할 적에는, 나는 그만 울고 만다.

찬란한 봄꽃 그늘에 주눅이 든다
양희은 가수 | 2005

봄꽃을 닮은 젊은이들은

자기가 젊고 예쁘다는 사실을 알고 있을까?

아마 모를 것이다.

나도 젊은 날에는 몰랐다.

그걸 안다면 젊음이 아니지.

자신이 예쁘고 빛났었다는 것을 알 때쯤

이미 젊음은 떠나고 곁에 없다.

오늘도 나는 사랑을 꿈꾼다
양인자 작사가, 방송작가 | 1995

나는 다음 생에 어떤 인연으로 얽힐까 순전히 그게 두려워서
그에게 사과했다.

어느 날 나는 '보시'에 대해 스님께 여쭈어보았다.
"마음은 그렇지 않으면서 손으로만 보시해도
그것이 덕이 됩니까?"
스님은 말씀하셨다.
"안 하는 것보다는 낫지요. 그러나 처음엔 손으로만 보시한다 해도
자꾸 하다 보면 차츰 마음까지 따라올 것입니다."

그럴까. 안 해봤으니 알 수는 없지만
내 입발림 사과 한마디에 저쪽이 휘청하는 걸 보면,
그 휘청함에 내 마음 한 귀퉁이가 반짝 녹던 걸 보면
시작이 어려울 뿐 불가능한 일은 아닐지도 모른다.

우리의 가슴은 미움을 담아두기엔 적합지가 않은 것 같다.
그렇지 않고서야 사람을 미워한다는 게 그토록 괴로울까.

괴로움을 벗어나는 길은 억지로라도 사랑을 심어보는 일이다.
사랑이라는 나무는 희한해서 가짜로 심어도
진짜 열매가 열린다.
이것은 우리가 살아가면서 부딪히는 작은 마음 쓰임에서도
확인하지 않던가.
그래서 오늘도 기도한다. 좋은 인연으로 마감되기를.

베푼다는 것

당당이 | 2024

베푼다는 것이 과연 무엇일까, 사전적인 의미를 찾아보았다.
익히 아는 뜻이었다. 그것보다
눈에 들어온 '베풀다'의 유의어가 흥미로웠다.
벌이다, 열다, 주다, 돕다가 올라 있다.

남에게 잔치를 벌이고, 좋아하는 사람에게 마음을 열고,
부모님께 선물을 드리고, 동료의 일을 도와줄 때 쓰인다.

이 모든 베푼다는 의미는 남을 주인공으로 앉히는 단어다.

용서

이가영 | 2021

나는 그 사람들을 용서하기 싫었어요.
내가 힘들었던 것보다 곱절로 더 힘들었으면 좋겠다 생각했고
걔네가 행복해 보이면 너무 분했어요.
하지만 용서해야만 사람들이 계속 나를 사랑해줄 거라 생각했죠.
그래서 미운 마음을 없는 척하려니까, 이상한 생각만 들고,
매일 너무 슬펐어요….

하지만, 이제 알아요. 나는 용서할 필요가 없었어요.
눈치 볼 필요도 없었어요. 저는 저를 지키는 것이 가장 소중하고,
저를 소중히 여기지 않는 사람들까지 보살필 필요, 없는 거잖아요?
여태껏 나를 소중하게 여기는 사람들이 계속 그렇게 말해줬는데,
그걸 받아들이는 게, 왜 이리 힘들었을까…
지금 생각하면 우습기도 해요.

할머니께서 말씀하셨지

윤희솔 | 2022

아가야, 다— 부질없다.

곱게 살아라.

욕 안 먹으려 애쓰지 마라.

어차피 욕할 사람은, 어떤 이유에서든지 욕하더라.

이제 와 내가 무슨 한이 있겠냐만, 내 젊은 날 곱게 살지 못한 게,

어리고 고왔을 나한테 미안하다.

아가야 곱게 살아라. 남한테 곱게 말고, 남이사 까짓거 하면서,

너한테 곱게 살아라.

눈물은 좋은 것
송영애 | 2005

꽃샘추위와 씨름하다가
몸이 이겨내지 못하고 감기 몸살에 걸린 것 같아서
일찍 포장마차 문을 닫고 집으로 돌아오는 길에
그냥 울고만 싶었습니다.
간신히 집까지 참고 와서는 어린 딸과 함께 샤워했습니다.
뜨거운 물이 흐르자, 주체할 수 없이 눈물이 흘러내렸습니다.

많은 생각으로 눈물과 물을 섞으며 울고 있던 저는
이렇게 따뜻한 물에 샤워하는 시간조차 사치인 것 같아
얼른 물을 끄고 눈물을 그치고 옷을 입었습니다.
'속이 후련하다! 역시 눈물은 좋은 것이여!'

삶이 버거우십니까?
한 번쯤은 샤워하며 실컷 울어 보십시오.

결혼 생활에서의 행복

문민지 | 1994

결혼 생활의 파탄은

조그만 마음 씀씀이를 잃어버린 데서 일어나기 쉽다.

결혼 생활에서의 행복이라는 것은

인정 없는 손으로 어루만질 때 상처를 입고

무관심에 의해서 부서진다.

결혼 생활에서 행복이라는 꽃에는

언제나 부드러운 사랑을 계속 쏟아주어야 한다.

산다는 것은

이지수 | 1995 '주부가 시인이 되는 밤' 우수상

산다는 것은

하루에 한 가지씩

죄를 짓는 일인지도 모른다.

무수한 죄의 파편들로

탑을 쌓고 또 쌓는

슬픈 역사인지도 모른다.

한 번도

열어 보인 적이 없는

단내 나는 속내

그 형체도 없이 문드러진 가슴은

이미 언어를 잊은 지 오래다.

어쩌면

산다는 것은

음악을 들으며 콩나물 씻는 것처럼

그저 하나의 습관인지도 모른다.

물방울을 튕기며 건져 올린

한 움큼의 음표가

가슴속에서 살아 움직일 때

비로소

나는 인간이 되는지도 모른다.

사슴의 눈을 가진

순하디순한 식물의 마음을 가진

원시의 피조물.

그러나

진정 산다는 것은

아무런 이유가 없는 것은 아닐까?

모든 강물이 바다로 향해 달리듯이

한 알의 홀씨가 숲이 되듯이

무심한 세월의 흐름 속에서

별똥별의 빛만큼이나 허무한 것.

그래도

오늘 내가 살아야 하는 것은

내 어머니의 어머니의 삶이

나를 지키고 있고 또한

내 아들의 아들의 삶이

저만치서 기다리고 있는 까닭이리라.

편안함이란

김우성 | 2015

편안함이란 아무 일도 없는 평탄한 삶을 말하는 것이 아니란다.
때로 넘어지고 때로 아픈 일 있어도
언제나 긍정적인 마음으로 다시 일어나겠다는 생각.
그것이 편안함이야.

부치지 못할 부모님 전 상서

당당이 | 2014 신춘편지쇼 대상

내게 추억이란

빛을 잃고 바래져 시간 속에 묻힌 과거가 아니라

아무도 말해주지 않아도

지금의 내가 누군지 알게 해주는

나에 대한 역사이고 증거였다.

우연히 자신의 입양 사실을 알게 된 사연자는 부모의 뜻을 지키며
그 비밀을 평생 마음에 묻고 산다. 출생의 비밀보다 자신을 사랑으로 품어준
부모와의 추억과 마음만을 끝내 기억하기로 하며 익명으로 이 글을 보냄.

뒤집어지는 게 팔자

이점순 | 2005

어머니는 정초에 자식들을 불러놓고
일 년 신수를 읊어대는 대신에
이렇게 말씀하셨습니다.

"이 애미가 살아보니까,
죽을 둥 살 둥 열심히 노력하면 뒤집어지는 게 팔자더라.
노력 앞에 장사 없다, 이 말이다. 너거들도 열심히 살면 다 된다.
알아 들겄냐?"

2

상처를 감추려 애쓰지 않아도

치유의 문장들

유난히 길던 지난겨울에

손경태 | 1994

아무리 나쁘다 하지만 그 속에는 반드시,
꼭 필요한 만큼의 행복이 있고
나는 그것을 충분히 누릴 자신이 생겼다.
어떤 고통이나 시련 또한 감당할 만큼만 주어진다 했으니,
제 몫의 행복에 비해 턱없이 비싼 대가란 없을 것이다.

그러니까 울고 싶으면 언제든지 당당하게 울겠다.
행복한 순간 속에 가슴 저림이 있으면
마음대로 울다가 웃다가 하겠다.
그것은 내가 강해지고 있다는 증거로 여겨진다.

행복은 내가 선택하는 것

이다현 | 2019 신춘편지쇼 최우수상

생각해보면 어떤 기억을 간직하느냐는
내 선택에 달린 것이었습니다.
이 선택에 따라 행복할 수도 있고
아닐 수도 있다는 것을 이제는 알겠습니다.
미련하게 짊어지고 있던 나쁜 기억의 짐 보따리를 내려놓으니
정말 홀가분했습니다.

기억은 사실 별다른 힘이 없는데 그것을 부둥켜안고
그저 내게 어쩔 수 없이 주어진 것이라고만 생각했던,
지난날 묵직한 제 어리석음을 고백합니다.
이제라도 지난 기억으로부터 홀가분해진 것에 참 감사합니다.

인생 자전거

김영맘 | 2024

인생의 오르막에는 페달 밟을 때 다리의 힘이 더 필요하고,
인생의 내리막에는 넘어지지 않게 속도 조절을 잘해야 합니다.
혹시나 넘어져도 울지 말고 툭툭 털고 일어나야 한다고
스스로 다짐합니다.

인생 자전거를 운전할 때에는 앞을 보며,
미래를 보며, 희망을 보며 나아가야지,
고개를 푹 숙인 채 바닥과 절망을 보며 나아가서는
위험하다는 것도 깨닫습니다.
지금 서 있는 땅에 발을 내딛고
더 먼 곳을 바라볼 수 있는 혜안을 갖고 싶습니다.

가자미조림을 해야겠다

김시연 | 2021

내 가슴에 대못을 박은 그 사람에게 말하고 싶다.

그래도 건강하시라고.

당신같이 남의 아픔을 쉽게 보는 사람이라 해도

당신 자식들은 나 같은 슬픔을 겪지 않길 바란다고….

나는 우리 엄마가 훌륭하게 잘 키워주셔서

당신이랑은 쨉도 안 되게 품이 넓은 사람이니까,

당신은 나에게 칼을 주었어도 나는 당신을 위해 기도해주겠다고.

주근깨는 내 콤플렉스
조현순 | 2011

결국 콤플렉스라는 것은
자신의 마음에서 비롯된다는 것을 알았지요.
아마도 얼굴의 잡티보다 마음의 잡티를 깨끗이 하는 것이
더 중요하다는 인생의 의미를
조금씩 깨달아서인지도 모르겠네요.

마음을 놓고 세상을 보니

김운경 드라마작가 | 1994 신춘편지쇼 심사평

한때 나는 나만이 고통을 안고 살아가는 줄 착각할 때도 있었다.
버스 손잡이의 둥근 부분을 손톱으로 찍어 누르며
'왜 나는 그렇게밖에 글을 못 쓸까.'
나는 무한정 가슴을 찍어 누르듯 손톱으로 손잡이를 긁어대다가
문득 까실까실한 감촉에 손잡이를 올려다보았다.

그곳에는 수많은 손톱자국이 때가 낀 채
빗살무늬처럼 각인되어 있었다.
나는 이런 줄도 모르고 나만이
상처받은 짐승처럼 세상을 살아가고 있다고만 생각한 것이었다.
수많은 사람이 무수한 손톱자국을 내며
버스에 매달려갔던 것을 나는 왜 몰랐을까….

결국 마음의 상처란 내 스스로가 긁어서 만드는 것이 아닐까.
산다는 것이 조금은 힘겹고 조금은 고통스러운들 어떠랴.
소중한 것은 바로 이 순간… 상처뿐인 손잡이를 놓고…
마음을 놓고 나를 들여다보는 이 순간이 아니랴….
그러므로 모든 상처는 새의 발자국처럼 사랑스럽고 쓸쓸하다.

수영 쌤의 말씀

이소영 | 2012

저희 수영 쌤이 말씀하셨습니다.

꾸준히 하면 누구나 다 할 수 있어요.
'타고난 자'는 '즐기는 자'를 못 이기고,
'즐기는 자'는 '꾸준히 하는 자'를 못 이깁니다.

새봄이 올 때면
박선교 | 2015

떨어진 낙엽을 사람들은 밟고 또 밟고,
그러다가 흔적 없이 사라진 것 같지만
겨울이 지나고 새봄이 올 때면
그 속에서 무언가가 밀알이 되어 꽃을 피우듯이
인생이란 것은
물레방아와 같은 그런 것이 아닌가 생각해봅니다.

흉터는 마중물

김기현 | 2024

인생을 조금 살아보고, 어느덧 5학년 3반이 되니
이제야 알겠습니다.
남들이 그어놓은 기준에 목매지 말고
내 마음의 끌림이 어디로 향하고 있는지 관찰하면서
주변을 돌아보면,
우리에게 스승이 될 수 있는 무한한 자연과 사건 사고들이
도처에 깔려 있다는 것을요.

흉터를, 상처를 굳이 감추려고 애쓰지 마세요.
그것이 누군가에게는 영광의 훈장으로,
삶의 깊은 성찰을 가져다주는 마중물이 될 수도 있으니까요.

은퇴하는 버스 운전기사 선배의 이야기를 듣고 전해온 편지.

나에게 보내는 위로

류문정 | 2022

인생은 언제나 걱정보다는 잘 풀리고

기대보다는 덜 풀린다는 말처럼,

끝나지 않을까 두려운 이 시간도

우리의 걱정보다는 금방 끝날 수 있을 겁니다.

기대했던 순간이 늘 최고의 순간이 되지는 못했던,

그리고 걱정했던 순간이 늘 최악의 순간은 아니었던 저의 삶처럼.

꿈을 위하여

박숙희 | 2011

멋있게 못 하면 어떻고, 한 템포 늦으면 또 어떤가.
뭔가를 새로 시작하고 배우는 지금 이 순간이
정말 행복하고 감사하다.
때론 너무도 하고 싶은 일에 풍덩 빠져봐도 좋지 않은가.

어느 날이라도 다시 올 수 있도록

이영혜 〈행복이 가득한 집〉 발행인 | 1995

끊임없이 몰두할 수 있는 '꺼리'가 있는 세상에 살아 있다는 것이
아늑하고 따뜻하게 느껴진다.
살아 있다는 것, 이것이 가장 중요한 일이다.
장기판에는 장군도 있고 졸도 있다. 그래야 게임이 된다.
게임이 끝나면 모두 뒤섞여 함께 통 속에 쑤셔 넣어지지만,
장기판 위에서는 그들 나름대로 특수 임무가 주어져 있다.
그 장기판이 세상인 것이다.
내가 장군이든 졸이든,
내가 없으면 게임이 안 된다고 생각해볼 일이다.
가능하면 나를 중요한 사람으로 가꿀 일이다.
좋은 품성을 만드는 것이 나의 의무인 것이다.
결국 나의 위대하고 영광스러운 걸작은
나답게 열심히 살아가는 것이다.
그 가운데 스스로를 즐기는 방법을 알기만 한다면
나는 완벽한 멋쟁이인 것이다.

식물을 보며 배우다
문선경 | 2019

"나이가 든다는 것은 늙어가는 것이 아니라
익어가는 것"이라는 누군가의 말이 요즘 유독 마음에 와닿네요.
나이가 들면서 물리적인 시력은 나빠져도
젊어서는 무심히 지나치고 미처 보지 못한 것들이
오히려 눈에 더 잘 들어오는 것을 느낍니다.

설렘 담긴 편지지 고르기

윤혜성 | 2019

분명 세월이 서려 있는 얼굴이었는데
신기하게도 할머니의 얼굴 위로 사춘기 소녀가 겹쳐 보였다.
단짝에게 자신의 첫사랑을 털어놓는
수줍음이 가득한 사춘기 소녀.
그 웃음이 어찌나 싱그럽고 고우신지
꼭 봄날에 꽃 한 송이를 선물 받은 기분이었다.

문구점에서 한 할머니가 〈여성시대〉에 쏠 편지지를 고르며
수줍게 웃는 모습을 본 사연자는 그 순간을 떠올리며 이 글을 전함.

성석제가 전하는 편지

성석제 소설가 | 2017 신춘편지쇼 심사평

즐거운 기억보다는 슬프고 아린 것이 마음을 움직이더군요.
마음을 움직이는 것, 감동의 힘은
꾸밈없고 진실한 데서 나온다는 것을 새삼 깨닫게 되었습니다.
글은 생생하게 디테일이 살아 있으면 읽는 맛이 납니다.

반드시 모든 사람의 눈을 번쩍 뜨게 할
명문을 쓰려 할 필요는 없습니다.
한 사람의 생각과 느낌, 삶의 역정이 가감 없이 그려질 때
개인의 경험을 뛰어넘는 공감이 이루어집니다.
때로 그것은 목을 메이게도, 가슴을 뭉클하게도 합니다.
어떤 데서는 눈물을 흘리게도 만드네요.

무정하고 몰인정하며 이기적인 사람들과
무기력하게 세상의 폭력에 희생당하는 사람들을 보며
분개하기도 하고 연민에 사로잡히기도 합니다.
그런 글들이 명문인 것이지요.

우리 각자의 삶을 기억하고 기록하고
이야기로 간직하는 일은 소중합니다.
그런 이야기가
많은 사람들의 눈과 귀, 마음을 통해 공유될 때
세상은 더욱 살 만한 곳이 되겠지요.

우리가 만나는 시

정주은 | 2018

우리가 사는 세상은 참 고단합니다.

우리가 만나는 시의 세계는

고단하여 지칠 때 시원한 물 한잔을 건네주는 친구와 같습니다.

따뜻한 숟가락
당당이 | 2005

제 나이 스물세 살,

내가 쓰지도 않은 몇천만 원이나 하는 카드값을 갚아야 하는

힘겨운 시간을 보내고 있다가

'아— 이제 이 삶을 끝내자' 결심했습니다.

그런 밤을 보내고… 마지막 아침밥을 먹으러 밥상 앞에 앉았는데

엄마가 제 숟가락과 젓가락을 두 손에 꼭 쥐고 계셨습니다.

"날이 쌀쌀해서 숟가락이 차갑네. 숟가락 차다고 밥 덜 먹을까 봐

엄마가 따뜻하게 덥혀놨어. 한 그릇 다 먹고 출근해.

사람은 밥심으로 살아야지. 그래야 힘내서 살지…"

숟가락이 너무 따뜻해서 자꾸만 눈물이 났습니다.

그 숟가락이,

살아야 하는 이유가 됐습니다.

우리 더 늦기 전에

안태준 | 2016

인생은 환한 빛처럼 너무나 아름답고 소중하지만,
한편으로는 콧김 앞의 성냥불처럼 나약하기도 합니다.

우리, 더 늦기 전에,
내가 사랑하는 사람들에게 사랑한다고 말씀하시고요.
좋아하고 보고 싶은 사람들에게 좋아한다고,
보고 싶다고 말하세요.
이게 제가 저승문 노크(?) 좀 해본 다음에 얻어낸
인생의 진리입니다.

우리, 당장 내일 어떻게 될지 모르잖아요?
사랑과 행복은 표현해야만, 유예되지 않아야만,
살아서 움직입니다.

15년간 음악을 하다 결혼 후 직장인이 된 사연자는
2013년에 급성 혼합형 백혈병 진단을 받았다. 이후 매일 SNS에 투병 일기를 써왔으며,
큰누나에게 조혈모세포 이식을 받은 지 2년째 되는 날에 쓴 일기를 전함.

겨우 환갑

김경애 | 2020

백세시대인 요즘 내 나이 겨우 환갑이다.
요만큼 살아보니, 인생은
다 좋은 것도 아니고 다 나쁜 것도 아니었다.

나희덕이 전하는 편지

나희덕 시인 | 2010 신춘편지쇼 심사평

한 송이 꽃에 한 마리 나비가 잠들 듯이,

하나의 고치에 한 마리 곤충이 깃들 듯이,

한 채의 집은 사람들을 얼마나 아프고 아름답게 끌어안고 있는가.

그러느라고 땅 위에서, 우리의 마음속에서,

그 수많은 집은 얼마나 애를 쓰며 버티고 있는가.

그리고 한 사람 한 사람의 몸이야말로

온갖 기억을 지닌 한 채의 집이 아닌가.

여러분들의 사연들은 각기

그런 '하나'의 고유성과 존엄성을 지닌 것이었습니다.

그 삶의 행적들에 경의를 표합니다.

신춘편지쇼 글제였던 '집'을 통해 만난 〈여성시대〉의 편지에
깊은 경의를 표하며 이 글을 전함.

3

어른이 되는 순간

관계의 문장들

엄마 냄새

김월선 | 2009

이런저런 얘기를 하다 딸은 내 품으로 파고들었다.
나보다 큰 자기 몸을 내게 맡기고 냄새를 훅훅 맡더니
"음, 엄마 냄새 진짜 좋다" 한다.
나는 "땀 냄새가 뭐가 좋다고 하냐?" 했더니
"아니야, 엄마한테는 엄마 냄새가 있어. 진짜 좋은 냄새!" 하면서
더 안긴다. 한참을 안고 있더니 딸은 잠이 들었다.
잠자는 딸을 내려다보니 측은하다는 생각이 들었다.
사는 게 얼마나 고단하면
다 늙은 엄마 냄새 맡으러 온다고 왔을까 하고 생각하니
안쓰럽기 짝이 없었다.

어른이 되는 순간

이창우 | 2024

어른이 되는 순간은, 병원에 갔을 때
보호자의 이름이 부모님의 이름이 아닌
자식의 이름으로 바뀌는 순간이다.
부모님이 보호자가 되던 시대에서
내가 부모님의 보호자가 되는 순간이 어른이 되는 순간이다.

이제 곧 사랑을 시작할 딸에게

당당이 | 2014

엄마가 살아보니 사랑이란 단타가 아닐뿐더러
성숙한 사람의 사랑이란
아낌없이 주는 것이 아니라,
견디는 것이더구나.

속상할 때, 어려울 때, 미치도록 미울 때에도 견디고, 기다리며,
때로는 마냥 주고 싶은 마음마저도 참아야 할 때가 있음을
엄마는 반백년을 살면서 서서히 깨닫게 되었단다.

식물에게 배운 인간관계

당당이 | 2025

나의 진심이 누군가에게는 부담일 수 있다는 것.
그 마음이 자칫하면 상대를 짓누를 수도 있다는 걸
식물들이 저에게 가르쳐줬어요.

식물이 처음 시들어갈 때, 눈치도 못 채고
더 힘들게 했던 제 모습을 떠올리면 미안해집니다.
하지만 덕분에 이제는 조금 더 성숙해진 마음으로
다른 무언가를 바라볼 수 있게 된 것 같아요.

사람과 사람 사이도, 어떤 관계는
'물은 일주일에 한 번' 같은 간격이 필요하겠지요?
과하지 않게, 그렇다고 무심하지도 않게
필요한 만큼의 빛, 필요한 만큼의 물만 주면서
꽃이 피는 걸 기다리는 마음으로
그렇게 조금씩 아끼고 바라봐주려 합니다.

인생을 바꿔준 나의 선생님

김지현 | 2018

나도 모르던 나의 장점들이 무척이나 많이 있네요.

제가 좋아하는 것, 잘하는 것을 하나씩 찾아가다 보니

저는 서서히 저 자신을 사랑하게 되었고,

그 누구의 말에도 휘둘리지 않으며,

나 자신을 학대하지도 않게 되었습니다.

불우한 가정 환경과 결혼 후의 갈등 속에서 자존감이 무너졌던 사연자는
아이의 문제로 심리 상담 선생님을 만나 '나 자신을 사랑하는 법'을 배우며
인생이 변화한다. 삶을 바꿔준 선생님께 감사의 마음을 전하는 글.

동정이라는 마음

이윤정 | 2003

흔히들 값싼 동정 같은 것은 하지 말라고 하지요.
하지만 저는 그렇게 생각하지 않습니다.
동정이라는 마음은 곧 사랑하는 마음에서 나온다고 믿습니다.
사랑하는 마음에서 비롯되는 동정의 마음이야말로
세상을 따뜻하게 해주는 빛이 된다고 저는 믿습니다.

가슴 아픈 추억이 주는 기회

박동규 서울대 교수 | 1996

우리는 가끔 사람과 사람 사이에 긴 앙금이

왜 생기는지 모를 때가 있다.

나는 그렇게 말한 것이 아닌데 상대가 오해해서

엉뚱하게 받아들여 생기는 수도 있고,

걱정되어 좋게 충고한 것이 멸시한 것으로 여겨져

서로 불편한 관계가 되는 경우도 있다.

그러나 그 바닥을 들여다보면

서로를 진실하게 보지 않고

자신의 위치에서만 생각하고 있었기에

오해가 생겨난 것임을 쉽게 알 수 있다.

가족도 마찬가지다.

사달라는 것을 다 사주고 키우지 못한다고 한탄할 것이 아니라

사주지 못하는 것이 있음으로 해서

서로 사랑으로 극복하는 지혜를 가져야 가족이 되는 것이다.

그리고 이를 통해 '가슴 아픈 추억'이 생겨야

그 회상을 통해

부족한 인간으로 살아가며
내가 무엇을 채워야 참다운 인간이 되는지
스스로 생각해보는 기회를 가지게 되는 것이다.

삶에서 우러난 그림

이오덕 교육사상가 | 1989

한 교실의 어린이들을 네 무리로 나눠,
같은 제목으로 그림을 그리게 합니다.
가령 '나무'를 그린다고 하면,

네 무리 중 첫째 무리의 어린이들에게는 제목만 말해주세요.
곧 그리게 하고, 둘째 무리의 어린이들에게는 나무에 대한
이야기를 하게 한 다음 그리게 합니다.
나무에는 어떤 나무가 있고,
그 나무의 잎과 가지들이 어떻게 줄기를 이루는지
이야기하게 하세요.

셋째 무리는 직접 나무들이 있는 산이나 들에 가
그 나무를 더 살펴보게 한 다음 그리게 합니다.
그리고 마지막 넷째 무리는 나무 사이에서 놀게 하고,
또 더 나아가 나무 위에 올라가서 놀게 하여
그 나무 둥지를 끌어안고, 가지를 흔드는 것을 보게 합니다.
그러고 나서 그리게 하는 것입니다.

그래서 네 무리의 아이들이 그린 그림을 비교합니다.
아이들의 그림은 첫째 무리 그림보다 둘째 아이들의 그림이
조금은 나을 거라고 생각하고, 셋째 아이들이 더 낫겠지만,
넷째 아이들의 그림은 가장 싱싱하고 살아 있는 그림이
될 것이라는 느낌은 틀림이 없습니다.

그것은 삶에서 우러난 그림이기 때문입니다.

사람은 다 달라요

최민경 | 2012

사람은 누구나 다 성격이 다른 거예요.
그 다름을 인정해주세요.
그걸 인정하지 않으면
우린 다 모자란 사람이 될 수밖에 없어요.

성격이 정반대인 남매를 키우며 훈육에 어려움을 겪던 사연자가
"둘이 반반 섞이면 참 좋을 텐데"라며 푸념하니 딸이 건넨 말.

나태주가 전하는 편지

나태주 시인 | 2022 신춘편지쇼 심사평

문제가 없는 인생이 어디 있겠습니까?

인생 그 자체가

문제의 봉착이며 문제의 해결 과정이라고 봅니다.

숱하게 많은 문제를 문제 그대로 두지 않고

스스로 노력하고 애써서 잘 풀고 해결할 때

우리는 성공감을 느끼고 행복감을 느낍니다.

반전과 변용이 없는 인생은 진정한 인생이 아닙니다.

나는 최고가 아니야
김순봉 | 2024

북유럽에서 통용되는, '얀테의 법칙'이 떠오른다.
얀테는, 덴마크 출신의 노르웨이 작가가 발표한
소설에 나오는 마을인데,
'잘난 사람이 대우받지 못하는 곳'이다.
이 가상의 마을에서는 보통 사람보다 똑똑하거나 잘생기면
이상한 사람 취급을 받는데, 10개조의 지침이 있단다.

1. 당신이 특별한 사람이라고 생각하지 말라.
2. 당신이 다른 사람보다 좋은 사람이라고 착각하지 말라.
3. 당신이 다른 사람보다 더 똑똑하다고 생각하지 말라.
4. 당신이 다른 사람보다 더 낫다고 자만하지 말라.
5. 당신이 다른 사람보다 더 많이 안다고 생각하지 말라.
6. 당신이 다른 사람보다 더 중요하다고 생각하지 말라.
7. 당신이 모든 것을 잘한다고 생각하지 말라.
8. 다른 사람을 비웃지 말라.
9. 다른 사람이 당신에게 관심 있다고 생각하지 말라.
10. 당신이 다른 사람에게 무엇이든 가르칠 수 있다고 생각하지 말라.

생각보다 행동을
고정수 | 2019

누군가를 돕고 싶을 땐

너무 깊게 생각하지 말고 먼저 행동했으면 합니다.

생각만 하다 보면 돕고 싶어도 그 타이밍을 놓쳐서

무안해질 때가 있더라고요.

눈치 보면서 기다리기만 하면

서로 돕고 나누는 따뜻한 세상은 평생 안 올지도 모릅니다.

김밥 가게에서 몇천 원이 부족해 고민하던 초등학생들을 보고 망설이다가
돈을 건네며 따뜻한 도움을 준 사연자. 이후 군인에게 생수를 나눠 주며 선행은
생각보다 행동이 먼저여야 한다는 것을 느끼고 이 글을 전함.

아이야 생각해보렴

유복돌 | 1998

남을 돕는 일은 꼭 자신이 넉넉해서만은 아니란다.
주위를 살펴보면
오히려 가난한 사람들이 그런 선한 일에
더 앞장서는 모습을 볼 수 있지.
작은 일을 할 수 없는 사람은 큰일도 할 수 없단다.

아이야,
나는 네가 큰일을 하는 훌륭한 사람이 되기를 바라지 않는다.
진정으로 큰 사람은
주위의 아픔을 이해하고 사랑할 줄 아는 사람이니까.

빨래 많은 게 행복

한정희 | 2004

난 빨래가 많이 널려 있는 집이 보기 좋더라.
자식이 무언가를 해주어서 좋은 게 아니고
자식이 내 옆에 있다는 사실 하나만으로도 기쁨이 되지!
부모는 죽을 때까지 자식을 연모하며 산다는
옛날 어른들의 말이 꼭 맞는 것 같아.

이웃집 할머니의 말씀을 전함.

나에게 쓰는 편지

김경진 | 2025

첫째, 돈을 좇기보다는 사람을 우선할 것.
둘째, 현실에 안주하지 말고 꿈을 품고 살 것.
셋째, 소중한 사람들에게 항상 사랑한다고 말할 것.

삶이란 기다림의 연속이다. 삶은,
느리게 오는 편지를 기다리며
인생을 깊고 진하게 숙성시키는 일 같다.
느리기 때문에 행복할 수도 있다는 것을
나는 이번에 처음으로 알았다.

어른들의 성적표

임준영 | 2022

성적표는 학교 다닐 때만 존재하는 줄 알았는데

그래서 학교 졸업과 동시에

이제는 등수도 없고 점수도 없는 세상에서 사는 줄 알았는데

현실은 그보다 더 심한 성적표 세상입니다.

조직 구조상 누구든 각 직급에서, 각 연차에 맞게

자신만의 성적표를 받아보고 있을 테지요.

누군가는 웃으면서, 누군가는 슬퍼하면서 말입니다.

어른들의 성적표 점수도

본인의 마음먹기에 달린 것 같습니다.

최선을 다하고, 그 결과에 대해서 깨끗하게 인정하는 모습이

참으로 어른스러울 거예요.

덧붙여 좋은 성적이 나온 사람에게는

진심 어린 축하와 인정의 박수를 보내고,

안 좋은 성적이 나온 사람에게는

위로와 격려의 마음을 갖는 것도요.

그래야 제 성적이 좋을 때 남들에게 축하받고

제 성적이 좋지 않을 땐, 위로를 받을 수 있지 않을까요.

직장의 가을 인사철(인사 고과)을 앞두고 전한 편지.

사랑하며 사는 삶

전상국 소설가 | 1989

뽐내고 사는 거야 내 멋이니까
참견할 게 아니라고 할는지 모르지만
그 뽐냄이 상대적으로 남의 마음에 상처를 주어
괴롭힌다는 것을 생각하면
그것은 하나의 죄악임이 분명하다.
내가 뽐내는 일이 남의 살맛을 빼앗는다는 걸 생각할 일이다.

사람이 겸손하다는 것은
그가 이 세상의 갖가지 비교의 굴레로부터 자신을 해방시켜
마음의 편안을 얻고 있다는 뜻으로 봐도 좋겠다.

겸손하게 산다는 것은
자신이 이 세상에 태어나 누리고 있는 모든 것에 대한
경건한 감사의 뜻이며
그 모든 것을 한순간에 잃어도 좋다는,
죽음을 준비하는 이의 철학이라 할 수 있다.

겸손은 자기비하나 비굴과 달라
삶의 중심을 잡고 자기 분수대로 살겠다는
착한 마음의 드러냄이며
이 세상의 모든 것을 객관화하며 지나침도 모자람도 없이
중용으로 살겠다는 의지의 드러냄인 것이다.

사과 승률 높이기

박종배 | 2020

다툼이 나쁜 것만은 아니라고 얘기하고 싶습니다.

다툴 때 다투더라도 그 뒤가 중요하다는 생각입니다.

다투고 나서 서로가 꽁하고 있기보다는 먼저 사과하고

화해하는 쪽이 이긴다는 뜻이지요.

저희 부부도 자주 다투는 축에 속합니다만, 부끄럽게도

제가 먼저 사과하고 승리하는 비율은 그리 높지 못합니다.

서로의 '사과 승률'을 높일 수 있도록 노력한다면,

건강하고 행복한 결혼 생활을 할 수 있지 않을까 생각합니다.

아들 결혼식에서 혼주 인사를 맡아 전한 덕담.

나에겐 아직 싸움 받아줄 상대가 있다
어현숙 | 2000

땅속에 누워 있는 내 또래의 사람과
비석에 새겨진 남겨진 가족에 대해 생각합니다.
누구든 먼저 혹은 나중에 홀로 남는 거지요. 그러고 나면
사랑할 수도, 싸울 수도 없는
서로 완전히 다른 시간에 속하게 되겠지요.
남편과 나까지도 어김없이 그렇게 되겠지요.
그런데도 우리는 여전히 하찮은 일로 다투며
미움을 키우고 있었습니다.

우린 아직 같은 시간을 말할 수 있습니다.
때때로 미워하고 눈물 흐르게도 하지만
나에게는 나의 싸움을 받아줄 상대가 있습니다.
혼자 남아 있을 상대에게 싸움의 기억보다
아름다운 추억의 장면을 남겨주려고 노력해본 적 있었던가요?
나는 나 자신과 남편에게 마음으로 물었습니다.

부부 싸움 후 성묘하러 가서 비석들을 보며.

잎 피는 느티나무

김용택 시인 | 2000

내가 심은 느티나무 잎은 올해도 우우 고함을 지르듯
무성하게 피었다.
어쩌면 그렇게 가는 실가지로 그 추운 겨울바람을 다 견디어 내고
저렇게나 많은 잎을 피워내는지 생각할수록 신비하기만 하다.

새로 잎 피는 실가지에 바람이라도 불면
나는 그 황홀한 잎들의 수런거리는 빛에 어찌할 줄을 모른다.
달이 환하게 뜬 밤이면
나는 느티나무 아래에서 소쩍새 소리를 듣는다.
느티나무 앞 강물에 떨어진 달빛을 보며.

이 세상에 저절로 잘 크는 나무는 하나도 없다.
또 이 세상에 누구 한 사람에 의해서 잘 크는 나무도 없다.
사람이든 나무든 어떤 기업이든 어떤 사회든 어느 국가든
그 모든 것들은 거기에 속한 모든 것들에 의해서만
건강하고 튼튼하게 자라
세상을 평화롭고 아름답게 가꾼다는 것을
나는 내가 심은 느티나무에게서 배운다.

4

저물녘에 우리는
가장 다정해진다

사랑의 문장들

김치를 담그며

이원균 | 2024

엄마의 김치가 맛있고 그리운 건
맛있는 재료나 특별한 레시피가 있어서가 아닐 것이다.
맛있게 먹을 가족들을 생각하는,
엄마의 마음이 담긴 김치에
내 혀끝이 아닌, 마음이 반응해서 맛있는 게 아닐까 싶다.

가족

성석제 소설가 | 2010 가족사랑수기 공모전 심사평

가족은 선천적으로 주어지는 운명인 동시에
후천적으로 만들어 가는 관계이기도 하다.
우리가 누구의 가족이 될 것인지 선택할 수 없지만
우리의 가족을 가족답게 만들어갈 수는 있다.
하지만 어느 경우에도 사랑이 없으면 가족은 성립되지 않는다.
태어나면서는 가족이 아니었지만
사랑만 있으면 얼마든 가족이 될 수 있다.

내리사랑

허영자 시인 | 1989

내리사랑이라는 말대로
부모의 사랑은 높은 곳에서 낮은 곳으로 흘러내리는 물처럼,
혹은 내리쪼이는 햇볕처럼
그렇게 될 수밖에 없는 자연성과 필연성을 갖는 것이 아닌가 싶다.

"얘, 조심하고 다녀오너라."
내가 이렇게 당부하면,
"네, 어머니도 조심하시고요."
이렇게 대답하는 아이를 보면서 나는 웃음이 나올 적이 많다.
왜냐하면 내가 나갈 때 칠순이 넘은 내 어머니 역시 똑같이,
"얘, 조심하고 다녀오너라" 하고
당부하시기 때문이다.
그런데 생각해보면 제일 조심해야 할 분,
또는 위험을 당하여 무기력한 분은
노인이신 내 어머니요, 그다음은 나요,
제일 젊고 활기 있는 내 아이가 가장 안전한데도
염려는 할머니가 제일 많이 하고 계시니

이상하다면 이상한 노릇이다.

그래서 나는 그때마다 웃는 일이 많지만 웃음 끝에는 새삼 감지되는 모정의 뜨거움에 눈시울이 젖곤 한다.

인연의 날
임순녀 | 2005

면사포에 드레스도 못 입고, 결혼사진 하나 없지만
난 그를 처음 만났던 날을
내 인생에서 가장 아름다운 기념일로 기억하고 있다.
해마다 새로운 달력을 받으면,
그와 처음 만났던 날에 동그라미를 그리고
빨간펜으로 글씨를 쓴다.
'인연의 날'이라고.
그와의 인연의 날, 나는 새로운 인생의 출발선에 올랐고
불편한 내 몸을 더 이상 부정적으로 여기지 않고
긍정적 사고를 갖게 되었다.

외할머니의 보석함

당당이 | 2021

여보, 참 미안합니다. 그리고 참 고맙습니다.

내가 무슨 복에 당신처럼 고운 색시를 만나서

이리 잘 살았는지 꿈같습니다.

이 세상과 작별하는 건 괜찮은데

당신이 자꾸 우니 마음이 몹시 쓰입니다.

나는 당신이 바라보는 곳에서 당신을 바라볼 겁니다.

비 오는 날은 비로, 눈 오는 날은 눈으로,

별 반짝이는 날은 별로요.

내가 먼저 가서 옆자리 맡아놓을 테니

당신은 천천히 아주 천천히 오세요.

자식들한테 효도받고

평생 나 돌보느라 힘들었던 시간들 이제 내려놓고

당신 하고 싶은 거 다 하고, 천천히 아주 천천히 오세요.

이 세상 당신이 있어서 참 좋았습니다.

그 편지를 읽는데 눈물이 마구 쏟아졌다.
외할아버지의 편지가 들어 있는 쇠주전자가

외할머니께는 이 세상 무엇보다 든든한 보석함이었다.
언제나 외할아버지를 바라보며
박꽃같이 환하게 웃어주던 외할머니.
언제나 외할머니를 바라보며
막 벌어지는 꽃잎처럼 싱긋 미소 날려주던 외할아버지.

사랑은 그런 것일지 모른다.
요란하지도 않고 뽐내지도 않고
한결같이 그 자리에서 지켜주는 것.
외할머니댁 마루 약장 위에 놓인 쇠주전자처럼.

이 부부가 살아가는 법
배다슬 | 2012

언젠가 아빠에게 여쭤봤습니다.

"어떻게 하면 엄마 아빠같이 재미있게 살 수 있어요?"
못 믿겠지만, "남이라고 생각하면 된다"고 합니다.

부부간에 내 것이라고 생각하기 때문에 싸움이 생긴답니다.

"옆집 아줌마가 나한테 밥해주고, 내 부모님께 잘한다고 생각하면
얼마나 고맙겠느냐?" 말씀하셨습니다.

부부 싸움

송수식 서울적십자병원 신경정신과장 | 1988

부부 싸움은 실컷 싸우고 나서도
반드시 화해해야 한다는 (그것도 가급적 단시간 내에)
옵션이 붙어 있고,
싸움의 상대자와 계속 만나고 같이 살아야 한다는 조건이
일반 싸움과는 다르다.
정도의 차이는 있겠지만, 싸움할 때처럼 미우면
하루도 같이 살고 싶지 않다가도, 풀어지고 나면 금방 좋아지고
그래도 내 아내, 내 남편이 최고라는 생각이 드는 것이 부부다.

일반 여느 싸움과 크게 다른 점은
싸움의 상대가 부부 관계라는 것이다.
일반 싸움은 평범한 대인 관계에서 벌어지는
일대일의 관계인데 반해,
부부 관계는 일대일이 아닌
'부부라는 하나의 단위' 속에서 벌어지는
내적 분열이기에 칼로 물 베기가 된다.
한편 생각해보면 일반 대인 관계에서도 정을 준 만큼 후회하는데

하물며 몸을 섞은 부부 사이에서야 오죽하겠느냐 말이다.
죽고 싶도록 밉다는 생각도 들고, 세상에 이럴 수가 있느냐,
내가 누굴 위해 살았는데 이렇게 무시당하느냐 등
오만 생각들이 미운 감정과 뒤엉켜
갑자기 하나의 단위에서 분리되는 자신을 느끼게 된다.
그래서 부부 싸움은
부부라는 단위 속에서의 자신과 독립되어 떨어져 나온 자기 자신을
다시 한번 정리하는 기막힌 기회이기도 하다.

사실 따지고 보면 어느 한쪽이 절대적인 희생이나 양보를 하거나,
그렇지 않으면 기막힌 테크닉으로 위기를 넘기는 기술이 없는 한
긴 시간을 살아가면서 싸움은 있게 마련이다.
그러나 적당한 싸움은 자신을 평가하고 재정비하는,
양념처럼 필요한 일이고 귀중한 순간이다.
오히려 표면적으로 매끄럽게 포장만 잘 된 잉꼬부부보다는
싸움도 할 줄 아는, 그리고 금방 되돌아설 줄 아는
바보 같은 부부가
진짜 사는 맛을 느낀다.

가족에게도 친절이 필요하다

이승일 | 2017

우리는 가까운 사람에게는 이해해주겠지 하고,
생각 없이 대하는 경우가 태반이다.
손님 대하듯 가족에게도
최소한이 아닌, 최대한의 배려와 친절이 필요하다.
이제 내 가족에게도 이야기하려 한다.
때로는 내가 하던 일을 가족이 대신 좀 해주었으면 좋겠다고.
이제는 나도 고장 나서 몸 여기저기 삐걱거리는 소리가 들린다.
정말 힘이 드는데, 아직도 내가 슈퍼우먼인 줄 안다.
엄마가, 마누라가 당연히 해야 하는 일처럼
생각하지 말았으면 좋겠다.
도와준다고 하지 말고 함께 한다고 하면 좋겠다.
내가 해줄 수가 없다고 해도 서운해하지 않았으면 좋겠다.
그리고 엄마에게도 마누라에게도
예의와 친절한 마음을 가지고 대하면 좋겠다.
엄마와 아내를 아껴야 오랫동안 함께할 수 있지 않겠는가.
너무 험하게 대하면 빨리 망가진다.
이젠 나도 '손님' 하고 싶다.
무례하게 대하는 '주인'은 사절이다.

기다림

김진숙 | 2005

아이가 커가면서 아이의 기다림은 내 기다림이 되었다.

입학을 기다리는 아이와 함께 나도 아이의 입학식을 기다렸고,

아이의 생일날도, 소풍날도, 운동회날도, 첫눈도, 크리스마스도

아이와 함께 기다렸다.

그러면서 내 어머니를 생각했다.

그분도 언제나 내 그림자처럼

나와 함께 기쁘고, 나와 함께 슬프셨으리라.

나로 인해 행복하고 나에게서 사는 의미를 찾으셨으리라.

훌쩍 커버린 아이들

이수용 | 2000

삶은 체중계처럼 올라서기만 하면 무게를 알려주는
수동적인 저울이 아니라,
균형을 잡고 삶의 추를 좌우로 옮기고
서로 양보하고 서로 노력하여
평형을 이루어가는 양팔저울 같은 것임을.

그러니 이제 아이들이 나를 감동시키지 않는다고
투덜거리지 말자.
아이들이 내 삶에 자리잡던 그 첫 순간부터
아이들은 나와 아내를
얼마나 충분히 행복하게 해주었던가.

문득 드는 생각,
나와 아내가 언제 아이들을 감격하게 한 적이 있는지
꼭 물어봐야겠다.

산골에서

금인숙 | 1993

두 살 많은 언니가 자신보다 훨씬 큰 지게를 지고
나무하러 간다고 지게를 질질 끌며 풀밭으로 들어가던
그 뒤뚱거리던 모습.
비가 부슬부슬 내리면 집 앞에 있는 냇물 옆 작은 샘터에는
어김없이 가재가 두 팔을 뻗은 채 나와 있으며,
살며시 돌 틈을 젖히면 그곳에 모여 있는 귀여운 새끼들….
새까만 점이 예뻐서 어린 생명인 줄도 모르고
가지고 놀던 개구리알과
다 떨어진 엄마 고무신에서 놀던 올챙이들.

산에 가면 터질 듯이 달콤한 다래와
새까만 머루를 한 움큼 손안에 담아 올 수 있고,
내려오는 길에 더덕이라도 캐어오면
화덕에 석쇠를 걸고 빨간 고추장을 발라 구워
찢어 주시던 엄마의 손길이 기억납니다.

강원도 산골에서 자란 추억을 회상하며.

슬픈 소식을 듣고

김광숙 | 1990

그래, 손님이다.

내 남편도, 내 첫애도, 내게는 손님이었다.

듬뿍 정을 남겨두고 인연의 질긴 줄을 끊지 않은 채 떠난

손님들일 뿐이다.

언젠가 나도 또 누구의 손님으로 남게 될 것이다.

영구차 기사가 얘기했던 여섯 살배기 아이도

관리실 할머니도

그리고 사람들뿐 아니라 온갖 물건까지도

영원한 것은 아무것도 없다.

이 세상에 머물다 사라지는 손님일 뿐이다.

1990년 홍수로 딸이 묻힌 공원묘지가 훼손되었다는 소식을 듣고.

빈자리 연습

김혜진 | 2024

우리는 부모와 자식으로 만나기도 하고, 연인으로 만나기도 한다.

하지만 그 모든 만남에, 언젠가 헤어짐이 있는 것이 '관계'다.

짧은 만남이든, 긴 만남이든

어쩌면 우리는

잘 헤어지기 위해 만나는 것인지도 모른다.

군대 간 아들을 그리워하며 모든 인간관계를 생각해봄.

행복이란

조관희 | 2017

행복이란 생각하기 나름이고,
조금만 눈을 크게 뜨고 보면 얼마든지 내 손에 닿을
가까운 곳에 있다는 것을 기억해요.

여름내 키워온 국화에 맺힌 꽃망울을
아침저녁으로 들여다보며 언제쯤 활짝 웃어줄까
가슴 설레며 기다리는 그런 행복!
냄비에 밥을 비벼 숟가락 두 개 꽂아
식탁에 마주 앉아 같이 먹을 사람이 있다는 그런 행복!
내가 보내준 옥수수를 맛있게 먹는 손주들 모습을
동영상에 담아 보내주어 나를 행복하게 하는
살뜰하고 정 많은 며느리가 내 곁에 있다는 그런 행복!

이 많은, 크고 작은 행복들!

인생의 선물

최영미 | 2023

찬 바람이 부는 겨울이면

온몸이 맞은 것처럼 아파 목욕탕에 갑니다.

노곤노곤 몸이 솜사탕처럼 녹아내리는 것 같습니다.

뜨끈한 물에 몸을 담근 후 벌겋게 달아오른 얼굴을 거울에 비추면

여기저기 기미가 피어 있고

어느새 머리에 흰 눈이 내렸지만

그럴 때마다 아이가 저에게 해준 말을 기억합니다.

"엄마, 꽃은 어디에 피었건 아름답잖아.

파랗던 잎이 지고 시들어도 꽃은 향기로워.

향기로웠던 추억도 아름다워. 꽃이니까. 엄마는 여전히 꽃이야."

희제에게

추희숙 | 2001

아들아, 엄마는 늘 이런 상상을 해.

어느 날 훌훌 가볍게 병상을 털고 일어나 네 손을 잡고

밝은 햇빛이 쏟아지는 거리를 걸으며 꽃집도 가고,

시장도 가고, 백화점도 가고,

옛날처럼 너를 품에 가득 안고 기차 여행도 가고,

아빠랑 산에도 가고.

그런 날이 오면 얼마나 좋을까?

엄마는 네가 유치원 졸업하는 것도 보고 싶고,

초등학교에 입학하는 것도 보고 싶고,

여자 친구 때문에 가슴 태우며 밤새우는 것도 보고 싶고,

네 결혼식장에서 촛불도 당겨주고 싶고,

맛있는 것도 만들어 주고 싶어

자꾸자꾸 욕심이 생긴단다.

막대사탕과 아이스크림, 초콜릿을 너무너무 좋아하는 희제.

몸과 마음이 모두 건강해 정의로운 어른으로 자라길 바라.

> 암으로 병상에 누운 엄마가 여섯 번째 생일을 맞은 아들에게 보내는 편지.
> 이 사연이 방송된 후 청취자들의 기도가 이어졌으나 끝내 세상을 떠났고
> 〈여성시대〉에서 함께 추모하는 시간을 마련함.

마지막 인사
이승일 | 2024

이제, 마지막 인사를 해야겠어요.

오늘 호스피스 병동에 입원했습니다.

암에 걸리고 나서 더 행복했던 삶이었습니다.

얼마나 많은 친구들이 저를 사랑하는지,

꿈에도 몰랐던 걸 암을 통해서 알게 되었거든요.

거의 마지막이 다가온다는 생각에

친구들과 만나 감사 인사를 했고,

세상에서의 모든 일은 오늘 아침까지 다 정리했습니다.

시신 기증을 했으니, 조문받지 말라 했더니

그건 남은 자의 몫이라나요~

친구는 같이 찍은 사진 중 예쁜 걸 골라 초상화로 만들어 준대요.

제 딸이 영정사진 만들러 다니면 얼마나 마음 아프겠느냐고요.

제게 남은 시간은 약 3주, 어쩌면 2~3일도 될 수 있다고 합니다.

수술실 천장에 쓰여 있던 성경 구절,

"두려워 말라, 내가 너와 함께 함이라"를 보면서

양 눈가로 눈물이 쪼르르 흐르던 날,

"더할 나위 없이 좋았습니다.
이렇게 기도할 수 있게 하신 은혜에 감사드립니다" 하고
기도했습니다.
행복하게 잘 보냈습니다. 여러분도 모두 행복하세요.

동사무소에서

박준희 | 1994 '주부가 시인이 되는 밤' 최우수상

그대의 이름을 산속에 묻어놓고

등본 한 장 떼러 동사무소에 갔습니다.

등본 위에 또 하나의 커다란 허공이 나를 바라봅니다.

컴퓨터 문명이 냉혹하게 가져다준

흔적 없이 사라진 그대의 이름이여,

맨 윗줄에서 나와 아이들 우산처럼 든든했는데

서른아홉에 그대는 연기로 사라지고

오돌오돌 우리 셋만 남겨둔 채 '이하 여백'은

기다랗게 서 있었습니다.

내 설움에 우는 외로운 눈물 하나를 '이하 여백'은

기꺼이 감싸안아 주었습니다.

그대의 이름은 등본 속에서 하늘로 전출되어

갔지만

내 가슴에 새겨놓으렵니다.

저물녘의 노래

강은교 시인 | 1994

저물녘에 우리는 가장 다정해진다.

저물녘에 나뭇잎들은 가장 따뜻해지고

저물녘에 물위의 집들은 가장 따뜻한 불을 켜기 시작한다.

저물녘을 걷고 있는 이들이여

저물녘에는 그대의 어머니가 그대를 기다리리라.

저물녘에 그대는 가장 따뜻한 편지 한 장을 들고

저물녘에 그대는 그 편지를 물의 우체국에서 부치리라.

저물녘에는 그림자도 접고

가장 따뜻한 물의 이불을 펴리라.

모든 밤을 끌고

어머니 곁에서.

강은교, 〈저물녘의 노래〉, 《어느 별에서의 하루》, 창작과비평사, 1996.

결혼 24주년에 당신께

윤영자 | 1995

아주 작은 것도 볼 줄 아는 눈과
아주 작은 소리도 들을 줄 아는 귀를 열고
아주 깊은 고통도 위로할 줄 아는 입이 되어
티끌 같은 행복 모아 쌓기 24년.

우리 가진 것은
사랑, 오직 그것뿐.

나의 모든 것이 당신 것이듯
당신의 모든 것이 나의 것임에야
충직하게 제자리 지켜주는
손때 묻은 가구처럼
숨결 닿는 그 자리에서
아픔은 쪼개고
기쁨은 부풀리며
손잡고 걸어갈 내일, 또 내일
그 길 아무리 멀고 험해도

어린 날 소풍길처럼 가요.
두 볼에 가득 홍조 띠고
가슴 설레며 가기로 해요.

5

살아 있는 것은 모두 꽃이 되고

희망과 용기의 문장들

초록 겨울냉잇국

고재동 | 2019

숨어서 핀 겨울 냉이꽃은
계절을 망각한 게 아니라
그만큼 간절함이 있다.
비록 심이 있어 냉잇국의 소재로는 값어치가 떨어지지만,
봄에 앞서 꿈을 펼쳐보려는 의로움이 있다.
씨앗을 못 달면 어떠랴.
불어올 겨울바람에 맞설 태세만 갖추면 그만이다.

실수해도 되는 이유

이진아 | 2017

《데미안》이라는 소설에
"새는 알에서 나오려고 투쟁한다"라는 글귀가 있습니다.
알에서는 한 번에 나오기 어렵고 수차례 알을 깨뜨려야 합니다.
실수하기도 하고 예상대로 되지도 않는 게 인생인가 봅니다.
그래서 저는 너무 규칙적인 제게 좀 더 관대해지기로 했습니다.
예상치 못한 일이 다가와도 조금 덜 불안해하기로 했습니다.

가을 아침에

이하림 | 2025

만추의 아침 햇살이 참 좋다.
알싸한 찬 바람도 참 좋다.
우리 집 마당에 새빨갛게 익어가는
탱글탱글한 사과 사이사이로 불어오는
그 바람도 참 좋다.
늦가을 바람 맞으며 나는 오늘
화려한 외출이다.

내가 부지런히 걸으면
없던 길도 생기지만
내가 걸음을 멈추면
있던 길도 사라진다.

새 아침 바람 따라
오늘도 길을 찾아 나는 간다.
인생의 꽃은 만남이라고 하던가.
만남의 장에서 눈도 즐겁고

인꽃(사람꽃)을 찾으니 그 얼마나 좋은가.
역사는 만남에서 이루어지니
오늘은 오늘의 역사를 기록하리라.

인생은 되돌아가는 길이 없고,
인생에는 '다시'라는 말도 없을 테니까.

나태주가 전하는 편지

나태주 시인 | 2024 신춘편지쇼 심사평

글을 쓰는 것은
우선 자기 자신을 위해서 쓰는 것이란 점을
잊지 않으셨으면 합니다.
자기의 내밀한 경험을 글로 쓰다 보면
자기 자신, 그 당시의 아프고 힘들었던 기억들로부터 해방됨을
자주 경험합니다.
말하자면 글에는 기본적으로 치유의 기능이 있는 것이지요.

부디 스스로 더욱 열심히 글을 쓰시기 바랍니다.
그래서 승리하는 인생을 이루시기 바랍니다.

깊어지는 인생을 위한 필사

김민정 | 2025

친구는 필사를 하면서 운동도 시작했는데,
지구력과 근력이 생겨서 운동도 더 잘할 수 있게 됐다면서
좋은 책을 필사하며 그 구절들을 곰곰이 생각해보니
그만큼 정서도 훨씬 안정된 것 같다고,
필사의 효능에 대해 구구절절 이야기했습니다.

그러고 보니 친구가 정말 예전에 비해
표정도 훨씬 밝아졌고, 무엇보다 자신감이 넘쳐 보이더라고요.
무언가를 해낸 사람에게서 풍겨오는,
기분 좋은 향기와 단단한 마음이
마치 눈에 보이고 느껴지는 것 같았어요.

나를 위한 소확행

박경자 | 2018

제가 가장 좋아하는 말이

"미쳤다는 말을 들어야 후회 없는 인생이다", 이거거든요.

한 가지 잘하는 것과 좋아하는 것이 있다는 것이

얼마나 행복한지 그들은 모를 것입니다.

망설이는 분들에게 권하고 싶어요.

나만을 위한 시간을 가져보시라고.

용기를 내어 보시라고요.

나팔꽃이 되고 싶었는데

김진숙 | 2018

어릴 적에

만약 꽃으로 핀다면 나팔꽃이 되고 싶었다.

아침에 싱그럽게 활짝 피었다가

먼지 앉기 전 지고 마는 나팔꽃처럼

깔끔하게 살다 가고 싶었다.

그런데 나는 지금 무궁화인 것만 같다.

질긴 생명력으로 우리나라 국화가 되었다는 무궁화처럼

이리도 오랜 세월 힘들게 살면서도

제풀에 지지도 않는 걸 보면,

나는 무궁화를 닮았나 보다.

눈 감은 사진

양귀자 소설가 | 1991

그 시절 우리에게 사진 찍기는 아주 특별한 일이었다.
소풍 가는 날은 말하자면 공인된 사진 촬영의 날이었다.
하지만 소풍날 사진사 아저씨가 급하게 찍어준 사진들은
어찌 그리 눈을 감았거나 반쯤 감겨있는 모습이 태반인지,
나중에 인화된 사진을 받아들면 절망하지 않을 수 없었다.

소풍날의 배반에 상처를 입은 어떤 아이들은
카메라 사진보다 엄청 비싼 사진관 사진에 도전하기도 했다.
절대로 눈을 감을 수 없는 사진.
그 시절의 사진관 사진에는 배경 그림이 있었다.
인물을 낙엽 모양의 테두리에 담거나,
뒤에 기러기 날아가는 풍경을 넣기도 했다.
그리고 아래에 "우리의 영원한 우정을 위하여" 따위의
유치한 글귀를 흘림체로 새겨놓았다.

지금의 아이들은 각자의 사진기를 들고 소풍을 간다.
'사진'은 이제 특별한 무엇이 아니다.

어쩌다 소풍 가는 아이들과 마주치면
그래서 나는 문득 이렇게 물어보고 싶다.

"진짜 중요한 순간마다 눈을 감아버리는 삶의 비애를
너희들은 혹시 알고 있니?"

젊음과 늙음의 구분

이나미 정신건강의학과 의사 | 1996

'젊음'과 '늙음'의 구분은 나이나 겉모습으로 하는 것이 아니라
그 사람의 사고방식이나 생활이
'융통성'과 '개방성'을 얼마나 잘 유지하느냐에 있을 것이다.
젊은 나이에도 불구하고
자신의 고정되고 편협한 가치관을 고집하고
남들의 다양한 삶을 인정하지 않는다면
사라질 날만 기다리는 지루한 존재가 될 것이고,
나이가 들어도 낯선 관점과 정보에 대한 호기심을 잃지 않고
다른 사람의 의견을 경청할 자세가 되어 있다면
새로운 미래를 설레며 기다리는 싱싱한 존재가 될 수 있지 않을까.

특별한 인연

김옥열 | 2011

죽을 것이라는 공포에 밤이면 악몽을 꾸었습니다.
하나하나 주변 정리를 하고 욕심을 버리고,
나를 아프게 했던 사람을 내가 먼저 손을 내밀어 용서하고
마음을 비우고 나니 무엇보다도 내가 제일 편해졌습니다.

깊은 생각을 안 하고 그냥 가볍게 살았어요, 속없는 사람처럼.
고집부리지도 않고, 남을 미워하지도 의심하지도 않았습니다.
그러다 보니 어느 날, 암이란 놈이 제 몸속에서 나가버렸어요.
더 이상 먹을 것이 없었나 봅니다.

암 투병 중 산속 하우스에서 죽음의 공포와 원망을 내려놓고,
용서와 비움을 통해 건강을 되찾았다는 사연.
마음 가볍게 살아가자는 희망의 메시지를 전함.

개업 두 달째

조추용 | 2013

저는 매일 아내에게

"손님이 적은 것은, 오시는 손님을 귀하게 여기라는 뜻이고, 매출이 적은 것은, 만드는 커피에 최선을 다하라는 메시지로 생각하라"고 위로합니다. 그랬더니 정말로 최근에는 단골손님이 제법 늘었습니다.

숙제하는 방법

김윤옥 | 1998

내가 초등학교 입학하던 해, 겨울방학 숙제를 받아와서
엄청난 양의 숙제에 미리 질려서 쩔쩔매고 있을 때
고모는 내게 다가와 "그거 별거 아냐. 쉽게 할 수 있어" 했지요.
나는 고모의 그 말에 귀가 번쩍 뜨였지요.

"차분히 맘 가라앉히고 자꾸 써.
세어 보지도 말고 그냥 쓰다 보면,
어느새 다 돼 있는 걸 알게 돼. 그때 기분은
꼭 누가 살며시 와서 내 숙제를 다 해주고 간 그런 느낌이야."

고모의 가르침은 그 어떤 요령도 아니고
특별한 비법도 아니었어요.
세상에 어느 것 하나 대충이란 있을 수 없는 법.
이왕 해야 할 숙제,
맘을 바꿔서 즐겁게 할 수 있는 방법을 제시한 것이었어요.

희망이라는 이름의 호박꽃
안도현 시인 | 1996

희망이란 언제나 우리보다 한발 앞서간다.
이 세상에는 희망을 따라갈 줄 아는 사람과
그렇지 않은 사람이 있다.
또한 희망이 자기편이라고 생각하는 사람과
그렇지 않은 사람이 있다.
희망이 자기편이라고 생각했기 때문에
우리는 지난가을 호박전을 부쳐 먹을 수 있었고,
늙은 호박 한 덩이를 교실 앞에다 두고 긴 겨울을 견딜 수 있었다.
그리고 가장 좋아하는 꽃이 장미나 라일락이 아니라 호박꽃이라고
자랑스럽게 말할 줄도 알게 되었다.

전북 장수군 산서면 산서고등학교 교사 시절 입시 위주의 교육 현장에서도
학생들에게 희망을 전하고 싶었던 시인은, 아이들과 함께 호박을 심고 가꾸며
기다림과 정성의 의미를 배우고 그 속에서 희망의 씨앗을 발견함.

치유로 가는 길

당당이 | 2025

내 자존감을 올릴 수 있는 건,

인공지능도 아니고 타인도 아닌 나 자신이 아니던가.

돌이켜보면 내 선택은 최선이었다.

그 선택은 거짓일 수 없으며, 그렇다면 그걸로 된 것이다.

나의 최선을 나조차도 무시하면 안 된다. 그럼 된 것이다.

마음을 그렇게 정리하고, 다시 도전해 이겨내 보기로 했다.

피하는 게 전부가 아니었다.

부딪히는 게, 치유로 가는 빠른 길이었다.

무너진 마음을 차곡차곡 다시 쌓아가니,

더 단단하게 쌓아 올릴 수 있는 계기가 되었다.

온라인 쇼핑몰 물류센터에서 아르바이트하던 사연자는
관리자에게 비난을 들은 뒤 일을 그만둠.
대화형 인공지능에게 마음을 털어놓아보기도 했으나,
스스로 마음을 다잡고 다시 씩씩하게 물류센터에 다니기로 한 결심을 전함.

희망 배달부

양미숙 | 1998

저는 다시 새벽의 어둠 속으로 걸어갑니다.
언제 날이 밝을지 모르지만,
곧 밝은 햇살이 제 머리 위로 쏟아질 것을 믿으며
새벽에 일어나 희망을 배달하러 갑니다.

1998년 여름 폭우로 화훼하우스를 모두 잃고 절망했지만,
다시 일어나 신문 배달을 하게 된 사연자의 글.

오르막과 내리막

곽동운 | 2009

오르막길을 오를 때는 땀이 비 오듯 흘렀지만
내리막길을 내려갈 때의 스피드는 최고였습니다.
스트레스가 싹 가시는 느낌이었는데 인생길도 이런 거겠죠.
오르막이 있으면 내리막도 있는, 뭐 그런 거겠죠.
물론 지금이야 끝이 보이지 않는 오르막길이지만요.
그런 생각들을 하면서 페달을 밟았습니다.

나희덕이 전하는 편지

나희덕 시인 | 2008 신춘편지쇼 심사평

평범한 사람들의 비범한 사연들은 이야기 자체의 신명으로
스스로 물길을 내며 뻗어가는 강물과도 같았습니다.
그래서 거기에 굳이
문학적인 수사나 완성도를 기준으로 갖다 대고 평가하는 일이
온당할까 하는 생각도 들었습니다.

고질적인 병 하나

한승원 소설가 | 1994

우리는 누구든지 어려운 때를 살아냈고,
또 앞으로 불현듯 닥쳐오는 어려움을 만나게 되어 있다.
여유가 있고 즐거울 때에는
어렵고 고통스러웠던 때를 떠올려야 하고
괴롭고 슬플 때는 앞으로 돌아올 성취와 극복으로 인한
즐겁고 여유로운 때를 상상해야 한다.
자기한테 주어진 고통 때문에 절망하지만 말고
그 고통을 계기로 더 겸허해지고 더 끈질기게 매진해야 한다.
그 고통스러운 아픔을
오만하지 않게 해주는 제동 장치쯤으로 여기고,
그것이 어떤 성취를 하도록 해주는
쓴 약쯤으로 여겨야 한다.

진주는 상처 때문에 만들어진다.
이 세상의 많은 값진 것들은
그러한 아픔을 디디고 일어선 것들이다.

살아 있는 것은 모두 꽃이 된다
박미경 | 2023

"우리 초록이들 너무 대견해요.
쑥쑥 자란 것도 모자라서 꽃도 피웠나 봐요. 너무 기특하죠?"

"그러게. 지금껏 몰랐는데, 살아 숨 쉬는 것들은
모두 꽃을 피우는 모양이야. 너무 신기해서 가슴이 벅차다."

"우리도 살아 숨 쉬니까 꽃을 피우겠죠?"

"어쩌면 매년 꽃을 피웠는데 다른 곳에 한눈파느라
꽃이 피고 지는지도 모르고 살지 않았나 하는 생각이 드네."

회사에서 기르는 식물을 보며 동료와 나눈 대화.

저 하늘에 내 날갯짓

도종환 시인 | 1991

지금까지 우리가 찾던 것은 무엇이었을까요.
저녁 강물처럼 끝없이 흐르던 긴 그리움의 끝에서
우리가 만나고자 했던 것은 무엇이었을까요.
부끄러움으로 가득한 얼굴 한쪽을 따뜻하게 덮어오던
좋은 사람과 만나
때론 아름답고 때론 고통스럽게 사랑하고
눈물로 자식을 키우며 사랑으로 밥 한 그릇씩 지어
새벽안개에 씻은 첫 아침의 그릇 위에 담는 동안
우리는 나이를 먹었어요.

생활의 땟물을 매일 매일 희게 빨아
바람 속에 털면서
그늘진 우리 마음을 늘 그렇게 건져내어
햇볕 속에 걸어 말리며 견디어 오는 동안
세월은 우리의 손끝에 무수한 잔금을 긋고 달려갔어요.
추녀 끝의 저녁 그림자 머리칼에 와 머무는 시간이면
우리도 소리치고 싶었어요.

속 깊은 곳에서 우러나는 소리로 분명하게 말하고 싶었어요.

그래요.
우리가 찾던 것은 바로 나 자신이었는지 몰라요.
내가 만난 모든 것의 제일 귀중한 자리에 써보던
내 이름 석 자
또박또박 다시 찾아 써보고 싶었어요.
잃어버린 것은 나 자신이었어요.
가정 속에서의 나
여럿이 손잡고 서 있는 속에서의 나
그리고 내 속의 나
잃어버리지 않고 싶었어요.
물 끝에서 훨훨 자유로운 새 한 마리처럼
내 날갯짓으로 당당하고 싶었어요.
내 날갯짓으로 당당하고 싶었어요.

닫는 글
당신께 건네는 답장

평범한 사람들의 이야기는
언젠가부터 한 편의 시처럼 다가왔습니다.
삶이 버거운 날엔
익명의 누군가가 적어 내려간 문장이
나를 대신해 울어주기도 하고,
기쁜 순간을 담은 편지는
또 다른 누군가에게 작은 희망으로 전해졌습니다.

시간이 흐르는 동안
편지는 한 사람의 기록을 넘어
사람과 사람을 잇는 다리가 되어 주었습니다.
타인을 이해하고, 나를 들여다보며,
삶을 조금 더 따뜻하게 바라보게 만드는 길을
조용히 비춰주었습니다.

책을 덮는 지금,
우리에게 남는 것은 거창한 가르침이 아닐지도 모릅니다.

그저 평범한 삶을 지탱해온
한 줄 한 줄의 진심들이 마음속에 천천히 닿아
하루를 밝혀준 작은 등불이 되었음을 느낍니다.

당신도 언젠가 마음 흔들리는 순간이 오면
한 줄의 편지를 적어보면 좋겠습니다.
그 한 줄이 또 다른 마음을 움직이는 문장이 될 수 있습니다.
편지란 그런 기적을 품고 있지요.

앞으로도 우리는
서로의 삶이 시가 되는 순간을 함께 이어갈 것입니다.

추신

우편함은 오늘도 열려 있습니다

손편지는 서울특별시 마포구 성암로 267 (03925) 〈여성시대〉 담당자 앞
온라인 편지는 imbc.com 〈여성시대〉 홈페이지
휴대폰 문자는 #8001

지난 50년 동안 〈여성시대〉 앞으로 도착한 편지는
소중한 이에게 건네는 작은 파랑새가 되고,
비슷한 사정을 안고 살아가는 이들에게
따뜻한 위로로 전해졌습니다.
어떤 사연은 누군가의 꿈을 깨우는 빛이 되었고,
부칠 곳을 찾지 못한 마음은
〈여성시대〉가 대신 수신인이 되어 품어 안았습니다.

반세기 동안 진심을 적어 보내주신,
삶의 무게 앞에 당당한 모든 '당당이' 님들의 마음을 기억하며
감사의 마음을 전합니다. 앞으로도 여러분의 편지를
소중히 받아 가장 따뜻한 손길로 전하겠습니다.

〈여성시대〉 드림

여성시대

1975년 첫 방송 이후 50년간 평범한 사람들의 진솔한 사연을 전해온 대한민국 대표 장수 라디오 프로그램. 현재는 가수 양희은과 방송인 김일중이 진행을 맡아 남녀노소 누구나 마음 터놓고 이야기할 수 있는 '따뜻한 소통 창구'로 사랑받고 있다. 청취자들이 보내온 일상, 가족 이야기, 기쁨과 슬픔, 소소한 깨달음이 담긴 편지는 오랫동안 쌓여 보통 사람들의 '삶 아카이브'가 되었고, 지금도 매일 아침 서로의 마음을 이어주는 다리가 되고 있다.

이 책은 MBC 라디오 〈여성시대〉에 50년 동안 모인 수십만 통의 편지 중 마음을 깊이 울린 100편의 '인생 문장'을 모은 필사집이다. 오랜 시간 차곡차곡 쌓인 평범한 사연들은 시가 되고, 하루를 밝히는 응원과 위로가 되어 우리의 마음을 다정하게 어루만진다.

그림 이쿵 @2kooong   디자인 유상현